男性の性暴力被害

宮﨑浩一
Miyazaki Hirokazu
西岡真由美
Nishioka Mayumi

a pilot of wisdom

はじめに

「男性の性暴力被害」と「女性の性暴力被害」。この二つの言葉を見て、どのようなことが思い浮かぶでしょうか。ひょっとしたら、女性の性暴力被害という言葉に対して、「なぜわざわざ『女性の』という言葉をつけなければいけないのか」と思った方もおられるかもしれません。

本文中でも述べますが、性暴力とは、同意のない・対等ではない中で行われる性的言動すべてです。性暴力というと、無理やりセックスをされるレイプ被害が一番思い浮かべやすいと思いますが、「いい」と言っていないのに、性器を触られるのも、逆に触らされることも、性暴力にあたります。写真や動画を簡単に撮ったり送ったりできる今の時代、同意のないまま裸の写真を撮られて、そのことで画像が拡散されないか日々怯《おび》えながら過ごさなければいけないようなことも起きていますが、それも明らかに性暴力です。

今書いたことは、女性にしか起こらないでしょうか。否、男性にも十分起こっていることです。性暴力は、どのような人にも起こり得るもので、性的マイノリティの人々も被害に遭っています。

しかしそれならなぜ、男性の性暴力被害は、わざわざ「男性の」と言わないと想像されにくいのでしょうか。そこには、「男は強くあれ」「男は感情を出してはいけない、出していいのは怒りだけ」「据え膳食わぬは男の恥」などの、「男らしさ」にまつわる社会の暗黙の了解が影響していると考えています。もちろん、個人個人で、あるいは年代や地域によって、そのような意識の持ち方は異なると思いますが、いまだに男性の性暴力被害のサポート体制が十分でないことや、さまざまな誤解があることを考えると、その「男らしさ」(そして「女らしさ」)の呪縛の影響は大きいのではないかと思います。

具体的には、男性の性暴力被害をめぐって「男性は性暴力被害に遭わない」「遭ったとしても女性ほど傷つかない」「女性が加害者だったらラッキーだ」「被害男性はゲイだ」「肉体的に反応したら、その行為を望んでいる」などの社会の思い込みがありますが、これらはすべて間違いです。男性も性暴力被害に遭うし、遭うとやはり大変傷つきます。女性も加害者になり得ますが、その場合の被害者の影響も深刻なものが多いです。また、加害者・被害者の性的指向は性暴力には関係がありません。性器を触られて、勃起や射精が起こることがありますが、それは梅干しを見て唾液が出るような生理的な反応で、被害者が望んでいる・望んでいないとは無関係です。

本書では、男性の性暴力被害が社会によっていかに見えなくされてきたか、いかに隠されてきたのかという社会との関連に触れ、被害の実態、心身にどのような影響があるのか、被害を受けた後いかに生き延びることができるのか、周りにいる人はどう寄り添えるのか、について述べています。また、被害を受けたけれど、さまざまな理由で「自分は苦しい、自分は怒っている」などと思えない・思ってはいけない・思いたくないと考える男性被害者もいます。もちろんそれはその方の生きてきた個人的な歩みに関わっているとも思いますが、社会の影響もあるのではないでしょうか。そのことについても本文中で触れています。

本書は、男性の性暴力被害に焦点を当てていますが、女性の性暴力被害は男性よりずっと多く[*1]、そのことも引き続き社会として考えていかなければならない問題です。性暴力が人の尊厳への侵害であることを社会に訴え、社会の意識や流れを変えてきたのは女性たちでした。男性の性暴力被害も、そのような流れがあってこそ、見いだされ、少しずつ問題意識が共有されつつあります。そういった歴史や現状も踏まえて、社会において男性というセクシュアリティはどう位置付けられてきて、そのことが性暴力を受けること、そこから生き延びることにどのように影響しているのかを考えたいと思っています。

誰でも性暴力の被害者になり得るということは、生物学的な性や性的指向、性自認に関係なく被害者になり得るということです。性暴力被害に遭うことで心身ともに傷つくことは、男性でも女性でも、性的マイノリティの人々でも変わりません。しかし、社会の側のさまざまな思い込みや知識不足、理解不足によって、どのような性的なカテゴリーに属しているか（あるいは属さないか）でまわりの反応も、利用できるサービスの豊富さや質も、そして自身の受け止め方も違うのが現実ではないかと思います。私たちは、あらゆる人への性暴力被害を真摯に考える必要がありますが、この本においては、特に男性の性暴力被害に着目しています。

宮﨑は現在大学院で男性の性暴力被害について研究を行っています。当事者の方にインタビューを通じてお話を伺ったり、アンケート調査を行ったりして広く実態を知り、支援のあり方や支援体制を作ることに資すればと思って取り組んでいます。私が男性の性暴力被害をテーマに研究を行おうと決心した2016年頃に、個人的に男性や男児の性暴力被害について気づかされることがいくつかありました。一度大学院で勉強をした経験があったため、この問題を探ろうと文献を探してみましたが、簡単に手に入る情報が限られていることに驚きました。普通、興味を持って何か情報を探すと、それについての入門書や研究論文が束で見つかることが多いからです。また、性暴力や性的虐待の本には、男性や男児も性暴力被害に遭うことが簡単に触れられているものもありましたが、少なくとも日本では体系的に研究されているテーマではないということが分かり、しっかり理解したいと研究を志しました。

本書でも繰り返し出てくるように、ジェンダーやセクシュアリティがさまざまに影響している男性の性暴力被害には、常に加害や社会的な特権との関係が浮上します。しかし一方で個別の性暴力被害体験は深く人を傷つけています。男性であることと性暴力に遭ったたことをうまく結びつけられないということが、男性の性暴力被害という問題の根幹にあるように思います。

性のあり方は多様であるのにもかかわらず、「男性の」と男女に二分した形容をするのは包括的な発想ではないと思います。ですから本書では、個別的な経験や多様な性のあり方が全く度外視され、男女に区分され、異性愛を中心とする社会を批判的に検討したいと思っています。「人は誰でも性暴力被害に遭う」と言ってみても、男性の性暴力被害の存在の想定されなさや見えづらさには、やはり社会的な力がフィルターのように第三者の見え方に影響していると思うのです。

男性の性暴力被害が問題であるというよりも、「男性の」と付記しなければ理解することが難しい我々の認識の仕方が問題だと考えることができるのではないでしょうか。

西岡は、2015年8月より京都性暴力被害者ワンストップ相談支援センター（通称京都SARA）で支援員として活動し、現在は、京都SARAに相談された被害者の公費カウンセリングも行っているウィメンズカウンセリング京都に所属しています。活動をする中で、男性の性暴力被害者のカウンセリングを行ったり、電話相談に応じたりしてきました。大学や大学院在学中には、男性の性暴力被害については未知なことが多いと感じ、男性の性暴力被害者の方々にインタビューをさせていただきました。西岡の個人的な関心は、最初は女性に対する暴力であったのですが、男性の性暴力被害のことを知るにつれ、時には命に関わるような深刻な影響を被る体験にもかかわらず、社会的認知の低さや誤解の大きさを感じ、放っておけないという思いを持つようになりました。この本をお読みくださった方々に、男性でも性暴力被害に遭い得ることやその影響は決して軽いものではないこと、そして男性の性暴力被害のリアリティをご理解いただけることを祈っています。

また、当事者の方々がこの本を手にお取りくださることもあろうかと思います。まずは、お手にしていただいたことに感謝申し上げます。私たちとしては、実態や影響、いかにして生き延びることができるのかについて可能な限り網羅的に書いたつもりですが、ご自身の経験や体感と違っていたり、読んでいて違和感や怒りに近い感情すら抱かれたりすることもあるかもしれません。今書いたことと矛盾するようですが、私たちとしては本書を「男性の性暴力被害」の完全版であるとは考えておりません。議論の余地があることも多々あるでしょうし、私たちが気づいていなかった視点もあると思います。願わくは、本書を通過点として、さらに社会的な議論が起こり、より男性の性暴力被害のリアリティに沿うような本や研究が出てきてほしいと思います。

なお、本文中では、被害を受けた方については「被害者」「被害当事者」と表現したいと思います。筆者（西岡）としては、男性の性暴力被害についての知見が少しずつでも積み上げられているのは、男性被害者の方々が、痛みを伴いながらも声を上げてこられたからだと認識しています。声を上げてこられた方も、一人でその体験を抱えて生きてこられた方も、生き延びてこられたこと自体に敬意の念を抱いていますが、本文中では、男性が性暴力被害を受けるということのリアリティをすべての読者の方に感じていただきたいので、「被害者」「被害当事者」という、より一般的な形で記述したいと思います（ただし、第4章「生き延びる過程」においては、より個別具体的な「被害当事者」を想定して書いている部分があり、そこではこの限りではありません）。

まずは性暴力そのものが起きないことを願いたいですが、それはどのような人にも起こり得ることです。そのような世の中に生きる一人の人間として、また、非力ながらも男性の性暴力被害者の方々の支援に関わる者として、性暴力を受けた男性の方々が、身の上に起こったことがどんなことであるのかを自身の中で定義でき、その方の望むタイミングで自身を癒やしたり、その方が必要とする支援を無用に傷つくことなく受けられたりすることを心より願っています。本書が、その一助となれば大変嬉《うれ》しく思います。

なお、本書の中で出てくる事例は、筆者らが活動の中で出会った実際の事例の傾向に基づいて作り上げた完全な架空事例です。性暴力被害は大変デリケートなものでもあり、守秘義務は厳密に守られる必要があります。そのため、このような事例の提示の仕方をしておりますが、十分に起こり得るリアリティを持っております。

本書は、最初からお読みいただいても、興味のあるところを拾い読みしていただいても構いません。また、読むのがつらくなれば、いったんページを閉じて、本から離れてくださ い。よほどつらいようであれば、ひょっとしたら自分の中にある性暴力被害にまつわるつらい記憶が顔をのぞかせているのかもしれません。そのような場合は、巻末の全国のワンストップ支援センターの一覧表を参考になさってください。

目次

第3章　性暴力と「男性被害」——歴史と構造——

図版作成／MOTHER

第1章　「男性の」と言わないと見えない性暴力被害とは何か

この本のタイトルにもなっている、「男性の性暴力被害」という言葉にどのような印象を持ったでしょうか。もしかすると、男性の性暴力被害という言葉に矛盾や戸惑いを感じた人もいるのではないでしょうか。

男性の性暴力被害と聞いて、ストンとすぐに納得できて、イメージできる人はおそらく多くはないと思います。「男性」と「性暴力被害」が矛盾しているように感じられてしまうことは、知識不足だとか偏見だとか、そういった個人の問題だけではないと私は思っています。もちろん、積極的に「男性の性暴力被害なんてない！」のように否定する人もいますし、もう少し消極的に「男性の性暴力被害って本当にあるんですか？」のように疑いを向ける人もいます。ですが、わざわざ男性と性暴力被害を切り離そうとするところには、個人的な気持ち以上のもっと大きな社会の力が働いていると考えたほうがよさそうです。

性暴力被害にあえて「男性の」とつけなければ見えてこないということに、男性の性暴力被害を理解する難しさが表れていると考えることができます。「〜の」とつけることでようやく意識を向けられるというのは、性暴力被害という言葉が意味している内容に、伝わりやすい被害と伝わりにくい被害があるということです。男性の、子どもの、高齢者の、障害者の、軍隊の、紛争下の、災害時の、などたくさん「〜の」が、性暴力被害に付記できます。一方で性暴力加害者には、あえて「男性の」とつける必要はなさそうです。しかし、「女性の」性暴力加害者ならどうでしょうか。

これらはそれぞれ状況や属性が関わる問題提起をしています。男性の性暴力被害に注目することで見えてくるのは、性別という属性、男に関わる「男性性」や男性規範、また男性という属性にあると見なされる加害性の問題です。

女性に対する差別がいまだに存在し、男性に有利に作られた日本社会では、多くの女性が性暴力被害に遭っています。この状況の中で、男性の性暴力被害を取り上げることは、「男性も被害に遭っているのだから、女性だけの問題じゃない。男もつらいのだ。男がいつも加害者とは限らない！」といった、男性の特権性を見えなくさせる詭弁《きべん》につながるのではないかと警戒する人もいるのではないでしょうか。残念なことに、このような言葉が男性の性暴力被害が可視化されつつある中で実際に使われています。これらが、なぜ詭弁になり得るのかと言えば、社会に現に存在する男性優位な構造を無視して、被害性だけを強調することによって、男性の特権性が温存されてしまうからです（このことについては、第4章で詳しく見ていきます）。

男性が性暴力被害に遭っているのは否定しようがない事実です。近年日本国内でも男児や男性の性暴力被害に関する報道がなされています。それでも私たちは、男性と性暴力被害とをうまく結びつけることができません。私たちが理解できないまま、「男性は性暴力被害に遭わない」と、なんとなく思い続けていてくれることを願っているのは、加害者です。男性の性暴力被害がないことにしておけば、加害を行った人は自分の罪を突きつけられることもなく、苦しみだけを人に残して去っていけるからです。

男性の性暴力被害という事実が見えてこない状況は、男性の性暴力被害の不可視性と言われています。被害事実があるのに見えないとは、矛盾した事態です。しかし、この矛盾した状態が成り立っているのは、男性と性暴力被害を結びつけて考えづらいためです。私たちは、男性が性的に侵害されることを、性暴力として捉えるのが難しい状況に置かれていると言えます。これは、知識をアップデートしていくことで捉えることができるようになりますし、それによって男性の性暴力被害が可視化されていくことになります。

なぜ、「男性の」とあえてつけなければ見えてこない性暴力被害があるのか、そして、男性の性暴力被害という問題にはどのような困難があり、どのような状況にあるのかを考えていきたいと思います。

1　性暴力とは何か

国連による性暴力（Sexual Violence）の定義では、「身体の統合性と性的自己決定を侵害するもの」とされています。

自分自身が望んでいない性的な言葉をかけられたり、性的行為をされたりすれば、性暴力被害を受けたことになります。つまり、人は誰でも性暴力を行う可能性があるし、その被害に遭う可能性もあります。ここに、性別や年齢、立場などは関係がありません。ですから、性暴力とは、同意のない・対等ではない中で行われる性的言動すべてです。

性暴力の被害や加害というと、性犯罪と比べてその出来事の重さがはかられてしまいがちですが、性犯罪は性暴力の中のごく一部の行為についてだけを規定しています。「犯罪でもないのに……」とか「その程度のこと……」などと他人が判断をくだそうとすることがありますが、性暴力の被害において、それが被害かどうかを判断できるのは当事者だけです。なぜなら、自分の身体の統合性や性的自己決定の侵害という性暴力の定義に照らせば、物理的な行為によってのみでは判断できないものだからです。結果として、性犯罪は性暴力の中でも客観的に判断できると考えられた（問題は多いですが）基準に沿って成立しています。

例えば無理やりに性交された（不同意性交等罪）ことは、その出来事の重さにおいて他の性暴力よりも重いと言えるでしょうか。このことは第3章で詳しく書きますが、客観的な第三者的な視点から行為を取り締まろうとする性犯罪の規定と、被害当事者にとっての出来事の衝撃度は必ずしも比例するわけではありません。例えば、以前は「よくあること」として問題化されず、表す言葉もなかった「セクハラ」は、現在では性的侵害であり暴力として考えられるようになりました（107ページ参照）。主に女性の声によって、それは性暴力として問題化され、法律など社会のあり方が変わってきたのです。

現在、男性の性暴力被害を利用しながら女性叩《たた》きをしようとする言説は一部にあります。そういったときの常套句《じょうとうく》は「女だけが被害者じゃない」「すべての男が加害者じゃない」といった言葉です。こういった言葉に表されているのは、個別の事情に着目することで、構造としての差別から目を逸《そ》らさせようという意図です。

性暴力被害とは、非常に個人的な経験です。ですから、その痛みや苦しみはそれ自体を手当てしていく必要はあります。ですが、一方でこの社会で生きる中で受け取っている特権性もあるはずです。個別の苦しみは、男性や女性というカテゴリーにある権力関係と、複雑に絡まっています。ジェンダー関係について考え、男性というカテゴリーの特権性やある種の加害性に注目しただけで、男性の被害がなくなるわけではなく、その個別的な苦しみが小さくなるわけでもありません。だからと言って、男性の性暴力被害の苦しみに注目することで、ジェンダー関係を問題化できないというわけでもないのです。

「男性の」と言わないと見えない性暴力被害とは、男性として生きる人は性暴力被害に遭わないことになっていると言い換えることもできます。これは、日本の現状を端的に表しています。男性という性は能動的で強く逞《たくま》しく、そして、加害者として見られることが多いです。つまり、「男性」というカテゴリーと「性暴力被害」という体験は矛盾してしまうため、「男性の性暴力被害」は分かりにくいものになっているのです。

男性と性暴力被害の間に矛盾があることで隠されているのは、男性被害者だけではありません。一方の加害者も同時に見えなくなっています。加害者は男性の場合も、女性の場合もあります。加害者が男性の場合は、「男同士のじゃれ合いだろ」などと、悪ふざけだったとしてネタのように流されてしまったり、はたまた、「同性愛の問題」と見なされてしまうこともあります。異性愛者でも、同性愛者でも、どのようなセクシュアリティを自認していようとも、それが加害の理由とはなり得ません。また、加害者が女性の場合は、被害男性に対して向けられる「本当は楽しかったんでしょ？」「セックスできてよかったじゃん！」という言葉のように、その被害を認められないどころか、まるで喜ばしいことが起きたかのように見られることも珍しくありません。

人への性的な侵害は、社会的な問題と個別的な経験が織り混ぜられています。ですから、単に人は誰でも性暴力被害に遭う可能性があるというだけでは、見えなくなってしまう被害者の属性があるのです。本書では「男性」に着目して、その男性カテゴリー＝社会的な属性と、一人の人間が遭った性暴力被害による痛みや苦しみの絡み合いを、少しでも解《ほぐ》せるようにしていきたいと思います。

2 男性の性暴力被害の見方

男性と性暴力被害がなんとなく結びつかない感じがあるのは、個人の知識不足だけではなく、社会の規範が存在しているからでもあることを判決文から見たいと思います。

1953年に出された最高裁の判決文にはこのようにあります。「男女両性の体質、構造、機能などの生理的、肉体的等の事実的差異に基き且《か》つ実際上強姦《ごうかん》が男性により行われることを普通とする事態に鑑み、社会的、道徳的見地から被害者たる『婦女』を特に保護せんがためであって……」と書かれています。[*1] つまり、加害者は男性であるのが普通だから、被害者となる女性を保護するために強姦罪はあるのだと言っているのです。刑法が改正された今でも、通じる見方のように思います。

加害者＝男性、被害者＝女性という見方の根拠は、性犯罪で明らかになっている加害者に男性が圧倒的に多いこと、またその被害者に女性が多いことから、数の傾向として間違っているとは言えないと思われるかもしれません。しかし、一方で被害と加害を性別で固定的に捉えることによって、男は攻撃的で支配する側にあり、女は受動的で支配される側だという関係をもまた固定化してしまうことにつながる恐れもあります。女性が弱さの代表とされることによって、男性より劣った存在として劣位に置かれるからです。

「女性化」という問題

男性が男性をレイプすることは、その男性被害者を「女性化」する行為だと言われることがありました。刑務所内での男性間の性暴力を研究した犯罪学者のエリザベス・スタンコは、「男性を『女性』へと変えることで、これらの囚人は性を用いて他の囚人を非人間化し下位に置く」と言います。[*2] もちろんこれは象徴的な意味で、身体《からだ》を変えるとか性自認を変えると言っているのではありません。そうではなく、性を用いた暴力を行うことによって相手を弱く劣った人とする、その代名詞に女性を使っているということです。「女々しい」とかいう言葉も立場を弁《わきま》えさせる「女性化」する言葉の一つですが、そのように加害者が強者としての立場を維持するために使われています。

この「女性化」という形容は、男性被害者を女性被害者との類似性という点から理解しやすくさせます。しかしこれによって、女性とは弱く守られるべき存在であり劣位だと認めることになりますし、男性の側は強く支配する存在ということが変わらないままになります。男性の性暴力被害を「女性化」として捉えてしまうと、社会的な構造の中で得られる男性の特権性を含めて考えられなくなります。ジェンダー関係を固定的に捉えると、男性の性暴力被害は例外的なこととしてしか理解されなくなります。

例外とは、典型から外れているために注意を向けてもらえないことです。この場合に典型とは何かといえば、力の強い男がか弱い女を組み敷いてレイプするという状況です。こういったイメージの中では、異性愛的なセックスの延長線上で暴力が行われています。この典型から外れている性暴力被害は男性に限らず多くあるのですが、典型からの距離によってバッシングや無視のされ方が変わります。男性の性暴力被害者は、まず男性という点で典型からずれがあり、「女性化」されます。また、加害者は男性ということが想定されやすく、女性の加害者は存在しないことになっています。

男性間の性暴力においては「女性化」という問題に加えて、ホモフォビアが影響します。

ホモフォビア

ホモフォビアとは同性愛嫌悪のことです。男性同性間の性暴力被害において、「同性愛の問題だ」というように性的指向に何らかの原因を見て取ることが多いようです。次章以降で詳しく見るように、同性愛の問題にしてしまい、被害者の落ち度が責められたりすることもあります。同性間の性行為に特別な意味を込めて、特殊な人たちの特殊な出来事として差別化し脇に置いておくことができるのは、同性愛嫌悪の結果と言えます。

そしてこのホモフォビアに晒《さら》され苦しむのは被害者のほうです。男性同性間の性暴力被害に限らず、助けを求める必要があるのは常に被害者です。同性間の性行為に特別な意味を込めている社会において、男性から加害を受けた男性が、その状況を語ることは同性愛嫌悪に晒される可能性が高く、打ち明けるのは難しくなります。

ホモフォビアに晒される可能性はもちろん加害者にもありますが、先ほどの「女性化」を思い起こせば、加害した男性のほうが「男らしい」わけです。このように男性の性暴力被害の見方を整理してくると、ホモソーシャルとの類似性に気づくかと思います。

不可視ではなく隠蔽

男性の性暴力被害は不可視の問題だと言われてきました。声を上げられないために知られていないのだとしたら、これは被害当事者の問題でしょうか。むしろ見えない、聞こえない我々自身について考えてみる必要があると思います。

ホモソーシャルとは「男性中心的な社会のルールを維持するために、女性差別・男性同性愛差別を伴いつつ形成される、異性愛男性同士の関係性」です。[*3] 男性中心的な社会のルールを維持するためには、男性の性暴力被害者は邪魔な存在です。女性差別の結果として男性被害者の「女性化」は起こり、ホモフォビアに晒されています。すでにあるルールに則《のっと》れば、男性中心的な社会のルールに沿わない例外として隠すことができます。これは、巧妙な隠蔽の仕方だとも言えるのではないでしょうか。このことは、第5章で詳しく考えていきたいと思います。

3　男性の性暴力被害が明らかになるまで〜被害調査前史〜

隠蔽されてきた男性の性暴力被害ですが、それがジェンダーやセクシュアリティの観点から理論づけられ始めたのは、可視化の過程があったためです。ここでは、主に学問的に男性の性暴力被害がどのように調査、研究されてきたのかを見ていきます。

国外の調査

国外では、男性を対象にした性暴力被害の調査は60年代頃から始まっていたようです。学問的な研究対象として成人男性の性暴力被害者を扱った調査は、刑務所における研究が最初期のものでした。それまではアメリカでも成人男性の性暴力被害については関心が払われていなかったと言います[*4]。

その後80年代頃から一般の男性を対象とした調査の中で、男性が性暴力被害に遭っていることや、女性と同様の症状を抱えていることが明らかになってきました。当時は、一般の男性に性暴力被害があるという事実の確認が必要でした。というのも、男性が性暴力被害に遭うのは、男性だけが集まっているような特殊な状況——刑務所や軍隊など——で起きるものと想定されていたからです。

1968年に、19歳と21歳の男性2名が性暴力被害を受けたとして、その調査のためフィラデルフィア刑務所に入ったときの記録が公開されています。1966年から1968年までを対象期間としてインタビュー調査を行い、性暴力が蔓延《まんえん》していることを発見しました。その調査は、細身の若い男性の多くが繰り返しレイプを受けていたと報告し、その他の被害者は刑務所内の生活での危険から保護を受けるために「同性愛関係」(homosexual relationship)に入ったと報告しています。また、被害者の特徴を①年齢より若く見える、②逞しくない、③外見が良い、という三つを挙げている一方で、加害者の特徴には収監理由の犯罪行為を対比させ、その多くは暴力的な重罪であったと報告していました。さらに、加害者は①同性愛者ではないと自認し、同性愛行為をしたとも思っておらず、②性的な解放が第一の動機ではなく、③被害者を支配し劣位に置くことが目的である、と報告していました。*5

ここから分かるのは、被害者を女性的、加害者を男性的と見る視線です。刑務所のように男性が集まっている状態だから女性的役割が必要で、そのような条件に合いそうな人が被害に遭っているという風に読めてしまいます。ですから、80年代になり、一般男性が性暴力被害に遭っている事実が明らかになったのは重要なことでした。また、男性にも被害による影響があることが分かりました。「男性は傷つかない」といった、男性らしさを基準とした見方によって作られてきた偏見を変える基礎的な事実が明らかになったのです。

90年代頃からは、徐々に紛争下での男性や男児の性暴力被害が注目されるようになりました。例えばリベリアでの調査では、約42％の女性元戦闘員と約９％の市民女性が性暴力の被害を受けている一方、約33％の男性元戦闘員と７％の市民男性も被害を受けたとされています。[*6] 男性が性暴力被害に遭っていることが明らかになってこなかった背景には、性暴力被害が身体的な拷問や虐待としてカウントされてきたので、数値として表れなかったことがあると言われています。[*7] 例えば、唐辛子を擦《こす》りつけた棒を肛門に挿入する、兄弟間でフェラチオをさせる、そして相手の睾丸《こうがん》を噛《か》み切らせるなどの例が報告されていますが、こういった行為は性暴力として認識されなかったようです。また国の文化によっては同性間の性行為がタブーであり性暴力として扱うことが当事者にとって問題が大きいことも影響していたと言います。

２０１０年代頃からは、男性の性暴力被害に関してジェンダーやセクシュアリティの観点から体系的な理論化が始まりました。そこではなぜ男性の性暴力被害が不可視化されているのかが主な着目点となっており、男性性研究やフェミニズムの観点から、考えられるようになってきました。男性の性暴力被害の不可視性が着目されるようになったのは、これまでに男性が被害に遭っていること、そしてその心身への影響が小さくないことが分かったからです。第2章で詳しく見ていくように、男性が性暴力被害に遭った場合、トラウマ関連の疾患をはじめとして、さまざまな重篤な反応を示すことが実証されてきました。また、被害に遭っている最中に、男性だからといって戦えるわけでも、簡単に逃げられるわけでもなく、動けなくなってしまう場合があることも分かりました。

この頃までに各国で法改正が進み、男性がレイプ被害者として扱われるようにもなってきました。例えば、イギリスでは１９９４年まで、男性のレイプ被害は Buggery（男色、肛門性交）の範疇《はんちゅう》にあって「同意のない肛門性交」とされ、肛門性交とは「男性もしくは獣」を対象としたものだと定義されていましたが、現在はレイプの罪に含まれるようになっています。他にもフランス、ドイツ、オーストリア、スウェーデンなどや、またアメリカでは各州で法律が異なりますがミシガン州、ニューヨーク州、カリフォルニア州なども挙げられます。

こういった法改正での性犯罪のジェンダー中立化が進んでいます。挿入についても国によって定義や量刑が異なり、例えばカナダではレイプの罪を1982年に暴行罪のカテゴリーへ移し、その名称も「性的暴行罪」と変更しました。このことによって、挿入の有無で行為が定義されなくなりました。他にもフランスでは2018年に被害者男性のペニスを「挿入させる行為」も強姦罪の加害行為となるように改正がされました。

東アジアでは台湾が1999年に性犯罪規定を改正し、ジェンダー中立的なものとなりました。また韓国では2012年の法改正によって、男性も被害者の対象となりました。*8

法律が変わることによって、男性がレイプ被害に遭っていることが犯罪統計としても表れます。また疫学的な調査も行われ、具体的な被害率も分かってくるようになりました。

例えば、アメリカ保健福祉省の組織の一つで疾病予防管理センター（Centers for Disease

Control and Prevention：CDC）の2015年の調査では、2・6％のアメリカ人男性が生涯にレイプ未遂・既遂の被害に遭っており、7・1％が挿入させられる被害の未遂か既遂に遭っているという報告があります。[*9] また、18歳未満の男性の6人に1人が性暴力被害に遭っているという報告もされています。[*10]

日本の調査

一方で日本は80年代頃から、例えば児童相談所で男児の性的虐待ケースが調査されましたが、大規模な学術調査はあまり行われていません。近年は国の調査の一部に男性の挿入を伴う被害について聞かれることや、報道機関が調査を行うことで部分的に分かることが増えてきていますが、まだまだ限られた情報しかないのが現状だと思います。

90年代頃からは、国外の研究を紹介し、日本国内にも同様の問題がある可能性が指摘され始め、主に高校生以上の学生を対象とするアンケートに男性が含まれる形で調査がされています。初期から一般の男性を対象に調査が始まっていることや、すでに指摘され始めていた男性レイプ神話（115ページ参照）に着目するなど、ジェンダーの観点が強調されているのが特徴的でした。また、当事者グループも作られ、徐々に社会的にも男性の性暴力被害が知られるようになってきています。

日本では長きにわたり男性はペニスの挿入を伴う被害——強姦罪——の被害者にはなりませんでした。大きな転換点となったのは、やはり2017年の刑法改正です。旧刑法の強姦罪では「女子を姦淫した者」が加害者と決まっていました。性別の規定があることから男性は強姦罪の被害者として決して認められなかったのはもちろんのこと、姦淫はペニスの挿入を指しているので、加害者は必ずペニスを持つ人となっていました。この改正により、日本では初めて挿入を伴う性暴力（それ以前の刑法では強姦にあたる罪）で被害者と加害者の両者の性別規定がなくなり、「強制性交等罪」と名称も新たになりました。

2023年には、この種の犯罪の成立要件として、それまではペニスの挿入に限定されていたのが、身体の一部や物の挿入も含むと改正されました。このことは異性間の性交やペニスに加害性を代表させる考えを否定しています。この改正で、名称が「不同意性交罪」となりました。第3章で詳述していきますが、改正後の性犯罪に関する刑法に問題がないわけではありません。しかし、男性が法律上挿入を伴う性犯罪の被害者として扱われるようになったことは、大きな前進です。

このように、法律上2017年まで、男性は挿入を伴う性犯罪の被害者の対象ではなかったので、国や警察の統計にもほとんど反映されず、実態が分かりませんでしたが、法律が変わることによって、犯罪認知件数としても表に出るようになってきました。

令和2年に内閣府・男女共同参画局が行った「男女間における暴力に関する調査」では、「無理やりに性交等をされた被害経験」があるのは、男性の場合100人に1人＝1％という結果でした。[*11] また、警察の認知件数は2022年の1年間で強制性交等が男性64件（女性1591件）、強制わいせつが男性205件（女性4503件）でした。[*12] 被害率を示すには重要なデータです。ただし、被害形態やその後の影響などについては、国内ではまだ調査が足りていない状態です。

例えば、被害形態としてMTPと呼ばれるものがあります。これはMade to Penetrateの頭文字を取ったもので、被害者男性のペニスを「挿入させられた被害」のことを指しています。「無理やりに性交」という言葉では、挿入されたのか、挿入させられたのかが分かりにくいためです。このように、「挿入させられる」という被害形態についてはなかなか実態が分かりにくく、さらなる大規模な調査が必要です。

近年は、男性の性暴力被害に対して徐々に関心が向けられ始め、報道も増えてきました。また、ＮＨＫが実態調査として性暴力被害者を対象に回答を集めており、２０２１年（男性のみ）、２０２２年にそれぞれ行われたウェブ調査の結果からは、男性が受ける被害形態やその後の回復過程でのさまざまな障害を読み取ることができます。

性暴力被害は暗数が多いとも言われるので、男性の正確な被害率を挙げることは難しいですが、これまでの各種調査から、男性において何らかの性暴力被害は20〜30％、挿入を伴う、いわゆるレイプで０・４〜１・５％ほどとまとめられています。[*13]

4　男児の性暴力被害

子どもへの性的虐待

子どもが性暴力被害に遭うこと、つまり性的虐待に遭うことがあります。子どもは安全なところで、経験を積み重ねながら、身体を成長させ、世界を知り、人と関わる力が育まれていきます。性的虐待は、子どもの成長を阻害し、生活のスキルの発達を歪《ゆが》めます。また、自己の身体に対する侵害は、加害者によって身体を支配されているという状態です。子ども、特に幼児、児童期の子への性的虐待は多くの人が怒りや絶望を感じるテーマでしょう。性的虐待、身体的虐待は子どものＰＴＳＤ（詳しくは61ページ）を生じさせやすいと考えられています。

子どもの発達への影響

子どもが性的な行為の意味を受け取りにくいことは容易に想像できると思いますが、このことを発達過程に照らしながら、就学前の子どもについて考えてみましょう。

子どもの発達を身体、認知、言語の三つから見たときに共通しているのは、世界を知っていく過程が徐々に広くなっていく点にあります。まどろみを繰り返す乳児から徐々に起きている時間が延び、日中の活動時間が増えていきます。まだまださまざまな刺激に対して慣れていない子どもは、乳児の頃は目もよく見えていませんし、自分の身体もうまく動かせず、養育者の絶対的な保護の中で成長していきます。

3ヵ月頃には首がすわり、7ヵ月頃にはハイハイをするようになります。このように身体の発育が進むと、ベッドの上か養育者の懐から見ていた景色はどんどん広がり、新たな世界が広がっていきます。1歳頃には単語を話せるようになってきますが、それまでにさまざまな言葉を聞いて蓄えたものを、表出していきます。

身体の発育が進み、少しずつ新しい世界の刺激に慣れていき、それが何であるのか、子どもなりに意味を理解しながら成長していくため、その成長に合わない刺激というのは強すぎて受け取ることができません。その過剰な刺激の一つが性的刺激です。児童期に虐待を受けた人への支援や治療を行っているクロアトルらによれば、虐待は「身体を一貫したまとまりのあるものとして経験することを妨げる。その理由の一つは、性的、身体的虐待の最中に生じる強い過覚醒が、荒々しい、コントロール不能な、混乱したさまざまな感覚をもたらし、子どもの未発達な身体を圧倒するためである」と説明されています。[*14] 成長途中である心身共に未発達な子どもたちにとって、虐待は全体的な発達を阻害することにつながります。

性的出来事とは非常に抽象的な事柄です。性ということが何かを理解する以前に、幼い子どもはまだ自分の身体をうまく動かせませんし、身体の名前とその部分を一致させられるようになるのも3歳以降です。3歳頃に使える言葉は、平均的にまだ700語ほどです。そしてそれらは日常生活でよく使われる、例えば食事のときに使う物の名前、動物の名前、美味《おい》しいといった形容詞などが主たるものです。このような時期にペニスとはどのような意味を持っているでしょうか？

成長した大人がペニスという言葉を聞けば、尿を出す場所だとか生殖器だとかさまざまな機能から考えることができますし、自分のペニスに限定せずとも一般的にペニスが意味しているものが分かります。しかし、第二次性徴前の子どもにとっては「おしっこをするところ」という尿を排出するという経験に基づいて理解されています。幼児の性器いじりというのもありますが、大人のように性的な意味を持っていないと考えられており、むしろ自分の身体について学んでいる最中であるとされています。

自分自身について、いつ、どこで、何をしたかというエピソード記憶は4歳頃に働き始めます。幼い頃の被害経験を持つ当事者は、昼間に、家で、父が自分のペニスを触っていたというような断片的でありながらも鮮明な記憶を語ることがあります。第二次性徴を迎えていない幼児のペニスも勃起することは普通で、そのときに快感が生じるのも身体の仕組みとして普通にあることです。しかし、その出来事の意味というのは大人と子どもとでは全く異なると言ってよいでしょう。

出来事を思い出し、それがどういうことだったのかと回想して考えるという行為はとても高度な言語能力を使います。4歳頃になると3〜4語ほどのキーワードが含まれた文章を理解できる子もいますが、それは、関係性や状況、行為の始まりから終わりまでの一連の動作一つひとつを結び合わせて全体の意味を作るまでには至りません。言語的に理解しづらい状況というのは、ぼんやりした理解の中にいることです。

大人にとっては、例えば学んでいる最中の外国語で自分に起きていることをすべて説明しなければならない状況を想像すると近いかもしれません。初歩的な文法は分かるけれど、受動態や過去完了は使えないかもしれません。また、ペニスを知っていても精液や性的感覚という言葉はまだ何と表現するか分からないかもしれません。ですから、おおよそのことは分かるけれど、細部まで細かくその外国語では理解することが難しい、という状況に似ています。

　子どもにとっての性的出来事とは、クリアに理解できないのにもかかわらず強烈な刺激に晒されるということです。出来事というのはその意味がしっかり把握できるときにはその刺激を取捨選択し、それを枠づけて理解することで自分の経験として意味を持った形にすることができます。それが未成熟な子どもにとっては刺激だけが直接入ることで、過剰な体験となります。

　こういった虐待に晒されることでさまざまな症状が表れてきます。特に子どもにおいてはそれが身体症状として表現されることが多いといわれます。腹痛や頭痛、下痢を続けたり、夜眠ることができなくなったりします。また言葉でうまく説明できない子どもは、「ごっこ遊び」の中でその重大な出来事を何度も繰り返し行うこともあります。それまでできるようになっていたことが急にできなくなって、まるで成長過程を逆方向に向かうように赤ちゃん返りの状態になることもあります。

　子どもの発達とは好きな遊びを通じて、少しずつできること、分かることが増え、世界が広がっていく過程です。そのときに過剰な刺激に晒されることで、それを処理するために多大な労力を必要とし、通常であれば少しずつ取り入れられる新しいものの入る余地がなくなる可能性があります。その結果として、言葉を話す時期が遅くなるなど、発達のバランスの崩れにつながることがあるのです。

「男の」子への性的虐待

子ども、特に男の子への性的虐待について考えておくべき点は、無性的で無垢《むく》なイメージの子どもと、性的な存在としても見られる子どもとのつながりについてです。男子という言葉を国語辞典でひくと、「男である子ども」とあります。無性的な子どものイメージは、男の子・女の子と二分されることによって性的な子どもとして表れてきます。

日本では、赤ちゃんが生まれると、基本的には14日以内に出生届を出すことになっています。そこでは生まれてきた子どもの性別を書くことになっています。生まれてすぐ割り振られて、子どもは男の子か女の子として社会に迎えられることになります。このことは、出生時の性別割り当てと言います。もうすでに男女の二分法の中で成長しなければならない状況に置かれています。

生まれたての赤ちゃんから成長していき、幼稚園や保育園に入園し、小学校へ入学し義務教育の9年間を過ごし、進学や就職を経て大人の男性として生きていくのが一般的に想定されていることだと思います。当たり前のことを書いているようですが、大人の男性になっていく成長過程が設定されている社会では、成人男性と男子の間は連続的に続いているので、男の子の性暴力被害もまた見えづらくなっているのです。

思春期において

警察庁生活安全局少年課が2020年度に検挙した虐待事件において、性的虐待は、被害児の性別との関係は明らかではありませんが、加害者の性別は男性が293名、女性が12名となっています。[*15] また、先述の、内閣府が行った「男女間における暴力に関する調査」では、「無理やりに性交等をされた被害経験」は、男性が被害者であるときの加害者の性別が女性である割合は52・9%で（女性被害者では0・8%）、同様に男性被害者の場合、加害者との関係は「通っていた（いる）学校・大学の関係者（教職員、先輩、同級生、クラブ活動の指導者など）」が23・5%で最も多くなっています。全く知らない人が加害者となるのは、男性が17・6％、女性が11・2％で、多くは何らかの関係性がある中で被害を受けていました。[*16]

全国の児童相談所、市区町村の福祉部門を対象にした調査で、家庭内の男児の性暴力被害事例を分析したところ、女児と比較して「実母」の該当率が突出して高いことが示され、実父以外の父からの被害が相対的に少ないことが示されています。[*17]

国内では被害児の性別に着目した加害者との関係が分かる報告が少ないのですが、国外では複数の研究において男性加害者は女児への加害が多い一方で、女性加害者は男児・女児共に加害を行っていることが指摘されています。[*18]

2021年にNHKが行ったアンケート調査では、男性被害者292人が回答しました。被害に遭った年齢は20代までが8割近く、過半数が10代となっています。また、加害者の性別は男性が70・5％、女性が16・4％、男女ともいたと答えた人が10・3％となっています。[*19]

国内で報告されている調査を見ると、男性が加害者となる数は多いものの、女性加害者も一定数おり、見知らぬ人からの被害から家庭内の被害までさまざまであることも分かります。加害がなければ被害はないのですから、加害者の属性がさまざまであり、その加害形態もさまざまだと考えるべきでしょう。

例えば、母親が自室でマスターベーションをしている息子の姿をのぞいていたり、男性が小学生の孫の布団に入り身体を撫《な》で回しペニスを触っていたりすることもあります。また、息子のペニスを撫で回し勃起や射精を強要する男性もいます。さらに、性的いじめのような状況では、セックスをさせて、それを見せ物とすることや、人前でマスターベーションをさせるという加害の仕方もあります。他にも肛門に指を思いきり突っ込んだり、人前で下半身を曝《さら》け出されたりといったこともあります。こういったことは「おふざけ」として、「カンチョウ」や「ズボン下ろし」といった男の子の遊びのように矮小《わいしょう》化されてきましたが、被害児にとっては非常に侵襲的な出来事となり得ます。

日本では男の子の性暴力被害がどれくらい起きていると考えられているのでしょうか。事件化される性犯罪は性暴力被害のごく一部の行為しか対象にしていませんし、それがすべて立件されるわけでもないので正確に表しているとは考えられませんが、認知件数を2022年のデータで見ると、男性の強制わいせつ被害では8割ほどが10代までにあり、強制性交等被害では6割以上が10代までにあることが確認できます（56ページの図参照）。

また、国立研究開発法人産業技術総合研究所がこれまでの日本での研究をもとに概算したところ、[*20] 1年間に7万2000人余りの男の子が何らかの性暴力被害に遭っていると言います。これは衝撃的な数字ではないでしょうか。驚きを感じるのは、それが私たちの直感と一致していないからです。男の子が稀《まれ》に性暴力被害に遭うことがあるかもしれないとは思いつつも、これだけ多くの被害が起きている事実があるとは想像できないのかもしれません。

心身共に成長過程にある子どもが、自分の身に起きた性暴力を理解できないことや、それを大人に相談したり訴えたりすることが難しいのは、簡単に想像できることだと思います。ですから、大人が子どもを守り、性暴力の発生に気づけるようになることが必要です。しかし、なかなか男の子の性暴力被害を想定するのは難しいようです。そこには、「男の子だったらこれくらい大丈夫」という感覚があるからかもしれません。つまり、こういう感覚は大人が子どものことを「男の子」として見るために起きています。そうすると、「女の子」よりも「男の子」の性は軽んじられ、そして性暴力被害に遭う可能性も低く見積もられてしまいます。

男性が加害者として可視化されやすい中で、対照的に使われるのが、「女性と子どもに対する暴力」という用語です。性暴力において女性がその被害者の典型とされ、脆弱性《ぜいじゃく》を共通項として仮定した子どもを置くことによって、被害者ポジションに女性を固定化し男性や男児の被害が見えづらくなるということです。

女性と子どもに対する暴力というとき、「子ども」と一括《ひとくく》りにされていますが、先述したように、生まれた時点ですでに男か女かに割り当てられています。男の子は、ある種の無垢な子どもの範疇として捉えられている最中は、成人男性に比べて性暴力の被害者として相対的に認められやすいことが考えられます。しかしすでに生まれた時点から男の子としてのジェンダー化の過程は社会的に進められており、無垢な子どもの範疇から成熟するプロセスにおいて、加害性をまとった大人の男という連続性で我々は見ていくことになります。

このように考えると、男児の性暴力被害を我々が見つけることが難しくなる段階はいつ頃かという問題が見えてくると思います。筆者（宮﨑）の調査では、男性に限らず最も不快な性暴力被害の体験は20代未満で多く起きています。その被害を男児が開示しない傾向、あるいは開示までに長期化する傾向が、女児に比べて高いということはいくつかの研究でも指摘されており、それを裏付けるような結果も得られました。

被害開示を妨げる要因として、性的虐待経験を持つ男性では次の3点が挙げられます。①ジェンダー規範といった社会政治的障壁、②内在化したホモフォビアといった個人的障壁、③「女性化」といった対人的障壁です。

当然のことではありますが、第三者が関わる被害開示において、第三者のジェンダーやセクシュアリティに対する偏見が強い影響を及ぼしています。被害は確かに起きているのですが、男性や男児のほうが被害開示を行わない傾向があるために被害実態が知られにくいのです。

例えば、高校1年生の男子がバイトからなかなか帰ってこず、帰宅したのは深夜でした。事情を聞くと、バイト先で一緒の女子大学生の家にいたのだと言います。これを聞いた保護者は何か危ないことをしたのではないかと不安になりました。ここで想定されているのは、男子高校生が女子大学生とセックスしたのではないかという危惧です。またその際には、男子側が挿入の主体として、ある種能動的で加害性を帯びた行為をしたのではと考えられています。彼が無理やりセックスを強要されたり、性的な関係に持ち込まれた可能性は考えにくいからです。

また一方では、14歳のゲイ男性が40代の男性にホテルに連れ込まれ、挿入を伴う被害に遭った例があります。性的指向が明らかになることの危険によって本人による被害の開示が抑えられることに加え、それが明らかになったのちも「本人が性行為を望んでいたのではないか」という性欲の問題として捉えられ、重大な被害としては捉えられづらい場合があります。

男児の性暴力被害とは、その性別を持つ個人の要因が問題なのではなくて、我々が見つけられないこと、認識しにくいことが問題だと言えます。男児は十分に男ではないとして、挿入される側として見られることがあります。それは、幼さや弱さといった女性的とされるものがあるからでしょう。

強制性交等罪では女性の場合が全年齢にわたって被害があるのに比べて、男性では低年齢のほうが多くなっています。また、この傾向は強制わいせつでも同様に見られます（56

強制性交等の認知件数（2022）

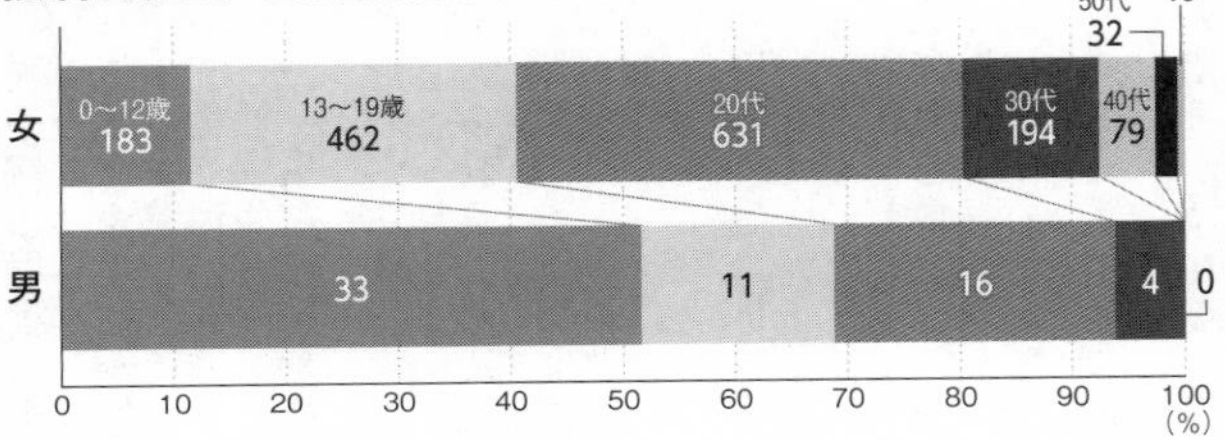

強制わいせつ等の認知件数（2022）

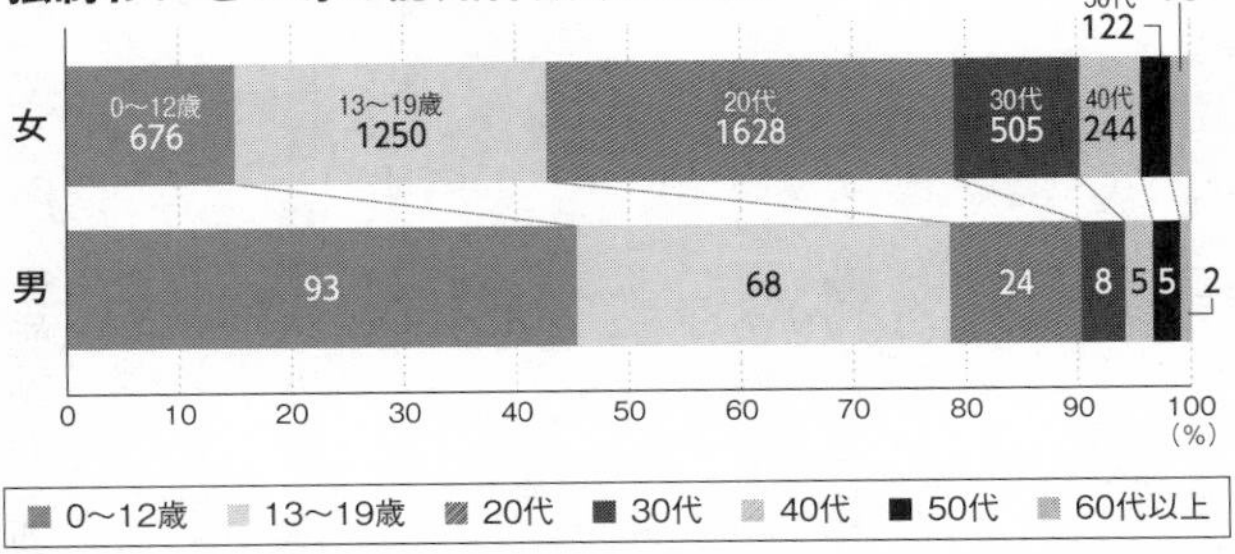

警察庁犯罪統計資料（令和4年1〜12月分）より

ページの図参照）。

先ほどの国立研究開発法人産業技術総合研究所の調査では、男児は4歳頃から17歳頃までの被害報告があり、14歳頃を最頻値とする女児とは異なり、6歳から9歳頃が被害報告数のピークとなっています。また、「男児の被害事例では、発覚経緯が本人の開示である場合が相対的に少なく」「外部による発見が構成比として過半数を占める結果となっている」とあります。

これまでのデータから単純に

結論づけることは難しいですが、もしかすると、第二次性徴が始まる頃の年齢から、男児の性暴力被害は見つけにくくなっているのではないでしょうか。

第二次性徴は身体的にも性的にも成熟する過程です。その中で男子は成人男性の身体を持ち始めています。精通を迎え、妊娠させることができる身体という加害性を付与されるようになります。

つまり思春期の男子は、第三者の視線からすると、無垢な子どもとして守られる範疇と加害性との間の不安定な状況に置かれていると考えられると思います。

子どもの被害を発見すべき、大人の側の問題として考えると、我々が子どもをジェンダー化する視線によって、年齢が上がるにつれ性暴力被害を見つけにくくなるという可能性があるのではないでしょうか。

第2章　被害後の影響——心と身体

第1章では、男性の性暴力被害とはどのようなことかということや、その実態、男児の性暴力被害について述べました。その中で、被害に遭ったことによる心身への影響は決して小さくないことをお伝えしましたが、具体的にはどのような影響が現れるのでしょうか。また、男性に特徴的な影響はあるのでしょうか。この章では、男性の身体的特徴と被害との関係、社会におけるジェンダー観やジェンダー規範との相互作用の中で男性被害者が抱かざるを得ない困難に着目したいと思います。

1　性暴力被害の心身への影響

これまでにも書いてきたように、男性が性暴力被害を受けることをめぐっては、さまざまな偏見があります。そのうちの一つに、「男性が性暴力被害を受けても大したことはない、傷つかない」というものがありますが、これも大いなる誤解です。性別にかかわらず、性という最もデリケートな部分に許可もなく侵入され、望まない性的な行為を強要されたり、聞きたくもないことを聞かされたりすることは、心身に大きな影響を及ぼします。当然男性であっても身の上に起こった出来事に圧倒されたり、さまざまな心身の不調に苦しんだりします。もし幼い頃に被害に遭ったり、近しい人から複数回の、あるいは長期間にわたる性暴力被害を受けたりすればなおさらです。身体的特性や社会が押し付ける「男らしさ」ゆえに男性に特徴的に現れる影響もあります。

本節では、まず心身への影響を考えてみたいと思います（そのような影響から、いかに生き延びられるのか・回復できるのかについては、第4章をご覧ください）。

トラウマとPTSD

トラウマとは、もともとは「身体の傷」を意味するギリシャ語でしたが、近代に入り、「心の傷」を意味することが多くなりました。日本のトラウマ臨床に長く関わっている宮地尚子は著書『トラウマ』[*1]の中で、トラウマ体験を「衝撃的で、通常の適応行動では対処できない、つまり心が耐えられないほどの出来事」と定義しています。具体的な出来事としては、災害や事件・事故に遭遇すること、戦争・紛争体験、性暴力やいじめ、DVなどの被害が挙げられます。米国薬物乱用精神保健管理局は、[*2]トラウマ概念の構成要素として、三つのE、すなわちEvent（出来事）、Experience（体験）、Effect（影響）を挙げていますが、どのような出来事かということだけではなく、どのように体験されたのかということも重要です。

男性の性暴力被害も、十分にトラウマ体験となる出来事です。トラウマを体験すると、人はトラウマへの反応として、抑うつ症状や不安障害、パニック障害、強迫症状など、多くの症状が出ます。トラウマ反応の中で最もよく知られているものがPTSD（Post-Traumatic Stress Disorder 心的外傷後ストレス障害）です。トラウマ体験の最中に感じた恐怖や無力感が、記憶として過剰に固定化されたり消去されなかったりする状態が、PTSDの発症やその継続に密接に関与していると考えられています。レイプ被害を受けた女性のPTSD発症率が46％であるのに対し、男性の場合は65％となるとの報告[*3]もあります。

米国精神医学会の『精神疾患の診断・統計マニュアル第5版（DSM-5）』の基準によれば、PTSDには大きく分けて以下の四つの症状があります。[*4]

①再体験（侵入）症状

再体験（侵入）症状とは、トラウマとなった出来事に関する不快で苦痛な記憶が突然甦《よみがえ》ってきたり、悪夢として反復されたりすることです。また思い出したときに気持ちが動揺したり、身体生理的反応（動悸《どうき》や発汗）を伴ったりします。通常の記憶は、ある程度コントロールすることが可能であると言われていますが、トラウマ体験は、あまりにも圧倒的であるためにこころの「引き出し」にうまく収めることができず、生々しく整理されないまま脳と身体に刻まれます。そのため、トラウマとなった出来事を体験したときに感じていたことが、自身の意図とは関係なく突然甦ってくることがあります。現場の壁や車の音、飲み物のにおいなど、そのとき見えていたもの、聞いていた音、においや感触などが突然現れ、自分自身がまるでそのときに連れ戻されたかのような感覚になります。現実感が失われ、それが過去なのか今の出来事なのかの区別がつかなくなることもあります。

②**回避症状**

回避症状とは、出来事に関して思い出したり考えたりすることを極力避けようとし、思い出させる人物、事物、状況や会話を回避しようとする症状です。トラウマ記憶が甦ると大変な苦痛を伴うため、そのきっかけとなるようなことを回避しようとします。中には、なぜ自分がある状況や事物を耐えがたいと感じるのか分からない場合もあります。加害者と同じ性別の人物が苦手になったり、職場や学校で被害に遭った場合は職場や学校そのものに行きづらくなり、社会生活を送ることが難しくなったりすることもあります。

③**過覚醒症状**

過覚醒症状とは、過度に神経が緊張・警戒する状態が続き、イライラ感、無謀または自己破壊的行動、ちょっとした刺激にもひどくビクッとするような驚愕《きょうがく》反応、集中困難、睡眠障害をきたす症状のことです。人は誰でも危険が迫ると神経が緊張・興奮しますが、危機が過ぎ去るとほっとします。しかしトラウマ体験の後では、安全な場所にいても緊張が続いてこのような症状が出てきます。神経の緊張が続くと、内分泌系・免疫系にも影響が生じて、ホルモンの乱れにつながり、頭痛や腹痛、全身の倦怠感《けんたいかん》、めまいや全身の痛みなど、さまざまな身体症状が起こることがあります。

④認知と気分の陰性の変化

これは、自分や他者、世の中を信じられなくなったり、過剰に責めたりするようになる症状のことです。「自分が悪い」「誰も信用できない」「世界は危険に満ちている」など、過剰に否定的な考えが持続することを言います。他者に対して強い恨みや怒りを持ち続けたり、周囲と疎遠になったり、社会活動をしづらくなったりすることもあります。また、それまで感じていたような興味や関心を失ったり、幸福や愛情などのポジティブな感情が持てなくなったりすることもあります。

通常は、衝撃的で受け入れがたい出来事があっても、1〜④のような症状は1ヵ月もすると徐々に収まってきますが、症状が1ヵ月以上持続し、それにより顕著な苦痛を感じたり、社会生活や日常生活の機能に支障をきたしている場合、医学的にPTSDと診断されます。なお、出来事から4週間以内の場合には別に「急性ストレス障害」（Acute Stress Disorder：ASD）の基準が設けられています。

特徴的な感情

①うつや不安

性暴力被害を経験すると、気分が落ち込んだり、それまで面白いと感じていたことに興味が持てなくなったり、悪いほうにばかり考えてしまったりすることがしばしばあります。また、焦りを感じてイライラしたり、以前よりも集中力がなくなったりして物事を行うのに時間がかかるようになることもあります。そのようになってしまう自分のことを責めたり、自分に対して悲観的になったりして自己肯定感が低くなり、「自分なんてどうでもいい」と思ってしまうこともあります。詳しくは後述しますが、男性の場合、被害に遭ったことが世の中の求める「男らしくないこと」や「弱いこと」のように感じられて、ますます自尊心の低下につながってしまう場合もあります。

②自責感と恥辱感

性別にかかわらず、性暴力という出来事において責任を負うべきなのは加害者ですが、被害者が「どうして逃げられなかったのか」「なぜ断れなかったのか」と自分を責めたり、抵抗できなかったことを悔しく恥ずかしく思ったりすることもしばしば起きます。また、男性特有の自責感や恥辱感もあります。そのことが被害に遭っても誰にも相談できないというような状況を生み出し、孤独感や心の苦しみを深めてしまうことにつながっていると言えますが、本来責められるべきで恥ずかしいのは加害者の行為であるはずです。

③怒り

己の尊厳が踏みにじられる性暴力被害を受けて怒りを感じるのは当然のことですが、怒りの程度や持ち方、表れ方は人によって違います。相手を殺したいと思うほどの強い怒りを持ったり、四六時中怒りが消えないほどの感情に囚《とら》われると、非常に苦しいだけではなく現実の人間関係にも影響が出てきたりします。怒りの矛先が加害者ではなく、身近な人や支援者に向くこともあります。また、逆に、コントロールできない強い感情を持つことを恐れて、怒りを感じないようにしている人もいます。「怒りとの距離の取り方が分からない」と話す人もいます。怒りを感じない自分自身をおかしく感じる人もいます。理不尽なことですが、社会において男性が表出を〝許されて〟きた数少ない感情の一つが怒りであることを考えると、男性被害者自身が怒りに翻弄されたり、怒りをめぐってさまざまな困惑を感じたりしても不思議ではありません。

④人間関係の持ちづらさ

トラウマとPTSDの項でも書きましたが、同意もないのに誰かに性的に侵入されると、人が信用できなくなったり、被害に遭った場所などを避けたくなったりします。また、自分自身が汚れた人間であるように感じられ、人との交流に後ろめたさや抵抗を感じるようになることもあるでしょう。そのため職場や学校、その他、人の集まるところに行きづらくなり、社会的な活動から遠ざかってしまうことがあります。表面的な人間関係は築くことができても、親密な関係になると不安が生じて離れていこうとしたり、その関係を壊そうとしたりすることもあるのです。性的虐待や一部の性暴力に見られるような支配―被支配の関係の中で被害に遭うと、どうしても人間関係全般が支配—被支配的になったり、自分自身がコントロール力を持たないと不安でたまらず、そのことに執着してしまったりすることがあります。性暴力は自分と他者の間にあるこころの境界線を無理やり越えられる行為で、こころの境界線が壊れたままであったり、過剰に境界線を作り上げることでかえって再被害に遭いやすくなったりして、人間関係が持ちづらくなることがあります。

⑤性をめぐる困難

性暴力を受けると、人と性的な交流を持つことが難しくなったり、逆に多くの人と性的な交流を持とうとしたりすることがあります。誰かと親密な関係になること自体に困難を感じる被害当事者もいますが、もし親密な関係になったとしても、身体に触れたり触れられたりすることが耐えがたく、パートナーと性的な行為をしようとしても勃起や射精が困難になることもあります。また、勃起や射精といった性的な反応が被害の記憶と結びついて、フラッシュバックを起こしてしまう場合もあります。逆に多くの人と性的な交流を持とうとするのは、性的な行為をすることでしか自分の存在を感じられなかったり、被害時に状況をコントロールできなかった無念さから、性的関係の中でのコントロールを取り戻そうとしたりする心の動きであるとも言えます。

⑥依存

先述したように、性暴力を受けると、そのときの生々しい記憶の甦りがつらいだけではなく、自分は汚れた、価値のない人間であると思ってしまったり、怒りのやり場がなくて苦しかったり、周囲の人との関係性が持ちづらく孤独感や疎外感を抱いたりと、さまざまな苦しみの中で生きざるを得ません。社会に男性の性暴力被害についての認識があまりなく、理解してもらえない、誰にも言えないという事情も背景にあると思います。そのような中、目の前の苦しみを瞬間的に忘れたいと思い、アルコールやたばこ、甘い物や薬物、買い物、ギャンブルやセックス、マスターベーションなどがやめられなくなることがあります。また、そのことを苦にしてさらにそのループから抜けられなくなることもあります。それは自身の苦しさに対しての自己治療的な試みであるとも考えられます。

⑦自傷行為や危険な行為

苦しさが耐えがたかったり、苦しいはずなのに何も感じないことへの恐れなどのさまざまな理由で、自らの身体を切ったり打ち付けたりして傷つけ、喧嘩《けんか》や売春などわざと自分が痛めつけられるような状況に身を置くことがあります。自殺を図ろうとすることもあります。自殺企図については、特に子ども時代や思春期に性暴力を受けた男性にしばしば見られるという報告もあります*5。生きている実感を得たいがために身体を傷つけたり、価値のない自分を罰して何とか生きようとする行為であったりします。性行為においても、不特定多数の人との性行為や、避妊や性感染症予防を伴わないセックスを行うこともあります。その背景には、今度こそはセックスで自分が手綱を握りたい、あるいは社会全体に復《ふく》讐《しゅう》してやりたい、といった思いもあると言われています。内にある怒りや攻撃性が自分に向かうのか、身近な人や社会に向かうのかで、行動の種類が変わるとも言えるでしょう。

⑧身体への影響やダメージ

第1章でも触れましたが、男性の性暴力被害にはさまざまな形態があり、中には身体がダメージを受ける場合もあります。これまでの研究では、被害のプロセスにおいて直接的に身体にダメージを負うこともあれば、中長期的に身体に影響が出てくるケースがあることも分かっています。

男性の性暴力被害の形態には、例えば肛門に男性器や指、異物を挿入されたり、自身の性器を触られたり舐《な》められたり、無理やりあるいは脅されて自身の性器を女性の膣《ちつ》や男性の肛門、あるいは口腔《こうくう》に挿入させられるといった被害がありますが、直接的なダメージとしては、肛門や直腸、性器の裂傷や擦過傷、また、身体を強制的につかまれたことによる首や上半身の傷などがあります。男性の被害者は女性以上に被害を届けたり誰かに助けを求めたりすることが少ないと言われていますが、ひどい怪我《けが》をした人は病院や警察に向かうとも言われています。ただ、全体としてそのようなひどい怪我を負うケースは多くはなく、それゆえ誰かに助けを求める被害者も少ないと考えられます。ヘルペスや梅毒、HIVといった性感染症に感染することもあります。

また、頭痛や腹痛、吐き気、潰瘍や大腸炎、便秘、便失禁といった症状が出ることもあります。食欲が失《う》せて体重が減ったり、吐き気や嘔吐《おうと》を繰り返したり、摂食障害になってしまうこともあります。*6*7 部屋を暗くすると眠れない、寝付いてもすぐに目が覚めてしまう、寝すぎてしまう、昼夜逆転になるなど、睡眠に困難を感じる被害当事者も多くいます。それから「解離」と呼ばれる、自分のことなのに自分のこととして感じられなくなったり、記憶が飛ぶことがあったり、自分のことをどこか別のところから眺めている感覚があったりという症状が出る方もいます。これは圧倒的な出来事やその記憶から自分を守るために起こるとも言われ、日常生活に支障が出ることもあります。

2　男性に特徴的な影響

「性」を手段にした暴力を受けると、身体にも心にも深い傷がつくことがあります。性的なことは、明確な輪郭があって目に見えることばかりではないので、ある意味非常に曖昧でもあります。それは、性的な事柄というのは個人の感覚によって性的であるかどうかが決まるからです。だから、人がどう言おうとも、自分が性的に不快だと感じることは、勝手にされてよいものではありません。その性的な感覚を侵害する行為が性暴力であり、その結果として男性に特徴的な問題を生じさせることがあります。

身体反応

性的な感覚の一つとして、性的快感があります。好きな人とのスキンシップで満たされながら感じることもありますが、この性的快感も暴力の手段として使われます。

性的快感は親密な関係で大切に育まれて感じるものと、反射的に身体が反応して感じるものとに分けて考えられます。暴力の手段として使われる性的快感は、反射的な身体の反応を利用していると言うことができます。この反射的な快感が生じる部分が生殖器の、特に陰茎（ペニス）亀頭部や陰核（クリトリス）です。

ヒトは同じ細胞から精子を作る個体であるオスと、卵子を作る個体であるメスとに分化していきます。たくさんの神経組織が集まっている性器の、特に陰茎や陰核は刺激を受けることで反応し、快感が起きるように作られています。このような身体的な反射で起きる快感は、相手との関係性やその行為を望んでいたかどうかといった意思とは関係なく起きます。そのため、とても不快で嫌悪を感じている状況でも、起き得ることです。

こういった身体反応は性暴力被害の最中でも起きることがあります。反応してしまったという罪悪感や恥辱感については、そのような感覚を起こさせている加害者に責任を帰する必要があります。私たちは、殴られたときに感じる痛みについて、痛みを感じた自分の責任だと思うことはないと思います。他人が自分を殴ったから痛いのであって、勝手に痛みを感じているのではありません。同じように、性的快感も、暴力の手段として使われたとき、加害者が自分の性器に刺激を与えたから感じているのであって、それを望んでいたわけでも、喜んでいるわけでもありません。

快感の場合、本来喜ばしい感覚であるはずですから、性暴力被害の最中にその感覚が起きることは、非常に矛盾したものです。この矛盾を作り出すことで、加害者はその加害行為の責任の一端を被害者に押し付けようとしているのです。また、そのような感覚を引き起こすことで、被害者の身体の自由を奪うことに加えて、感覚をも支配しようとしていると言えます。

性別にかかわらず性的快感が被害の最中に起きることはありますが、ペニスを持っている人にとっては、それが別の意味を帯びてきます。それは、性的快感を抱いていることが他人から分かりやすいという点と、ペニスが持つ性的能動性という点の二つにあります。ここに、男性の性暴力被害の特殊性が表れてきます。

男性外性器は、刺激を受けると勃起や射精が起きます。これは他者から見ても分かりやすい変化のため、そのときに性的快感を抱いていることが簡単に他人にも伝わってしまいます。よく性教育の本では、勃起を起こす理由として性的な刺激が与えられると……と書かれていることが多いため、勃起をしたということに、本人の意思が介在しているように思われるかもしれません。確かに、エロティックな視覚情報や想像も性的刺激として勃起を引き起こしますが、そのような本人の意識的な関与がなくても、陰茎の触覚が刺激され、それが適度な感覚刺激であるならば、反射的に勃起を引き起こすことがあります。

つまり、性暴力被害の最中に「触られたくない」「気持ち悪い」「怖い」「悲しい」「痛い」といったさまざまな不快な感覚や感情があり、全く望まない状況であると認識していても、性的快感が生まれる可能性があるということです。

実際、男性や男児に対する性暴力において、勃起や射精へと至らせる行為は珍しいことではないと、これまでの研究で明らかになっています。先ほど触れたように、性的快感を暴力の手段として使うことで、加害者は被害を受けた人の感覚をも従属させた気分になれます。女性ももちろん性的快感を被害の最中に抱いていることがありますが、男性に特徴的なのは、その感覚を勃起や射精という生理的な現象によって簡単に知られてしまうという点にあります。そのときに加害者は「本当は気持ちいいんだろう」「身体は正直だ」などと、あたかも本人がそれを楽しんでいたり望んでいたりしたかのような言動をとることがありますが、これも巧妙な加害者の策略です。そこに被害者も自ら積極的に関与しているかのように思わせて、性を利用した暴力であること、自分の加害行為を隠そうとしているのです。なお、現行法でも勃起や射精が起きたことが、同意を示しているとは考えられていません。

異性間の関係が想定されている性交では、挿入する側として男性が想定されており、挿入される側として女性が想定されています。このことが二つ目の特徴です。この男女間の性関係において、性的能動性は常に男性のペニスに還元されます。つまり、勃起しているなら、それは挿入したいのだ、射精をしたいのだ、という短絡的な論理です。これは、男性の身体に起きている生理的な仕組みや、感覚、感情、認識といった複雑な関係を度外視して、男性の性をすべてペニスに還元する見方です。

また、「挿入させられる」という被害の形態は想像されません。自らの勃起したペニスを入れたのだから、それは本人がしたかったのだろうという結論になってしまいます。そうすると、男性はペニスを持っているから被害者にはならないということになってしまいます。

繰り返しになりますが、勃起は生理現象であって、本人の意思に反していても反応することがあります。そして、その反応を起こさせているのは、加害者であって被害者ではありません。通常、快感や安心感といった好ましい感情は、その出来事と感覚が一致しています。暑い日に水を飲んだときの美味しく感じる爽やかな感覚、疲れて眠るときのベッドの気持ちよさといった具合に、状況は感覚と一致して経験されることが多いです。性暴力が人の統合性を侵害し、支配するというのは、この点からも言えます。不快な状況、逃れられない状況において加害者は被害者の身体反応を利用して、快楽を生じさせています。

快楽ならばいくらあってもよいと思うかもしれませんが、それは出来事の評価と一致している場合に限ります。

このように想像してみましょう。あなたは生ゴミがいっぱいある部屋に閉じ込められました。そこから逃げられません。ひどいにおいですし、眺めてみると腐ったゴミの中には蛆虫《うじむし》が湧いています。そこへ無理やり、お腹《なか》が空《す》く薬を投与されました。あなたはゴミにまみれて嫌悪感を抱いているのに空腹で耐えられません。餓死してしまいそうです。確かにあなたは生ゴミだらけの部屋で食欲が出ました。そして見るからに不味《まず》そうなものを差し出されて空腹に耐えられず口に入れると、この上なく美味しく感じました。ですが、これはあなたが望んでいたことでしょうか。そして「美味しくてよかったね」と言えることでしょうか。

男性のレイプ神話には、「男は性暴力被害に遭わない」という誤った考えがあります。これは、ペニスに男性性を象徴させて、挿入できる（そして、挿入される穴はない）能動的な存在として男性一般を見なすことで作られています。あえて問題化しなければ気づけないほどに、男性の性はペニスに還元されています。このような象徴性は現実に流布されています。ある泌尿器科医が書いて話題になった本では、武士道になぞらえて、陰茎を刀として描いています。非常に古典的で攻撃的な「ファロス」のメタファーだと思います。また典型的な被害と加害のジェンダー化として、性暴力の被害に遭う男性を「弱い」と形容しています。泌尿器科医といえば、男性のことをよく分かっている専門家のように思えますが、この本では非常に偏見に満ちた捉え方をしているところがあります。*8

これほど一般的とも言える考え方は、男性被害者も持っています。勃起し、射精したということは、この状態は私が求めていたものだったからかと混乱が生じることがあります。

例えば、殴られるという経験は、痛みや恐怖という内的な経験と、行為の意味は一致しやすいものです。殴られた人は、痛いだろう、怖いだろうという想定される反応と内的な経験が一致します。だから、殴られるという出来事は男性だからといって、混乱する出来事にはなりづらいものです。しかし、DVや虐待といった関係性がある加害者が存在する場合、殴った後に「君が僕を怒らせるから」などと殴られた側の内的な経験と一致しないことを言われます。そうすると、自分の感覚を信じにくくなったり、混乱をもたらされたりします。

外性器の勃起や射精は、反射的な反応です。しかし、その反応についての説明は基本的に性的快感と結びついて理解されています。実際、望んでいない状況であったり、恐怖など不快な感情を抱いていたりするときでも、射精に至る過程で少なからず性的な快感は生じます。そのために、加害者の行為によってもたらされる被害状況の内的な経験と、身体反応から生じる感覚（これも内的な経験です）の間に断絶があります。これは加害行為の結末です。ですが、当事者がそのように考えることはなかなか難しいものです。

男性性の混乱

男性性の混乱とは、「当該文化における規範的男性像と一致していないことや、被害者自身が抱くジェンダー・アイデンティティが不安定な状態を表現しているものである」[*9]と説明できます。規範的男性像とは、いわゆる「男らしさ」のような、男性が期待されている振る舞いのことを言います。男性のレイプ神話は規範的男性像を表したものだということができます。男性は「肉体的に強い」「異性愛」「精神的に強い」「挿入されない」「ホモフォビア」「性的に能動」といったルールを表し、レイプ神話では男性の性暴力被害をそれに沿わない劣った男の事象として否定しようとします。

規範的男性像は、素朴な基準として一般に浸透しています。当たり前のこととして社会にあるということは、男性の被害者にも男性性のルールが染み付いているということです。それによって、個別的な性暴力被害体験と男性規範のルールとの間に矛盾が起きてしまいます。この矛盾状態では自分自身に起きたことが、本当に性暴力被害と言えるものなのか疑いを感じたり、自分の性的なアイデンティティが揺らいでしまったりすることがあります。このような状態を「男性性の混乱」と言います。

「男性性の混乱」は、臨床における専門家の知見と被害当事者の手記などから明らかとなった概念です。70年代に出版されている初期の報告でも、男性の被害者が、加害者により射精させられる被害が頻繁にあることを示しています。そして、被害者は射精に至った自分に疑いの目を向け、その性的なあり方をも疑ってしまうことがあると言います。[*10]

例えば、ある調査では一部の男性被害者は、被害体験中の自身の性的反応について混乱や嫌悪を表現していると述べ、異性愛男性が「もし本当に自分が受けていた性的暴行がそれほど不道徳なものなら、なぜ僕は射精したのか？　長い間，それを楽しんでいたに違いないと思っていて、だから、同性愛の傾向があるに違いないと思っていた。すごく長い間混乱していたんだ」と語ったことが例示されています。[*11] さらに、「自分は被害のせいで、バイセクシュアルなんじゃないかと思った」「混乱しているように感じる。たぶん、自分はあのことがあったからバイセクシュアルなんじゃないかと思う。今でもすごく女性に惹《ひ》かれるけれど」と語っている被害者の例もあります。[*12] 日本においても、「女の子が好きな普通の男だったのに。あのことで自分は変わってしまった。自分からホモになりたくてなったんじゃない」という男性被害者の葛藤が記されています[*13]（ジェンダーやセクシュアリティの葛藤については、第5章の「相対化の痛み」で考えます）。

加害行為を男性が受けると、セクシュアリティや性行動に影響が及ぶと報告されており、この影響はジェンダー化された存在としての自己のセクシュアリティをどのように捉えるかという点や、性的なアイデンティティをどのように構成し維持するかという点と関連することが示唆されています。[*14]

3　被害の認識の難しさ

「あれは一体何だったのか」

被害に遭った男性の多くは、このように感じることが多いように思います。とても不快で、怖さや気持ち悪さ、怒りさえ感じるような出来事なのに、自身が体験したことを表す言葉が思い浮かばず、ただただ混乱の中に放り出されてしまったような感覚。何とも不愉快だけれどもさまざまな感情が入り混じっており、自分としてもどうしたらいいのか分からない……。

性暴力被害に遭うことは、性別に関係なくこころの深いところに傷を負う深刻な出来事ですが、現状では性暴力被害に遭うのは女性である、男性は被害に遭わないという思い込みが社会では根強いと思います。確かにさまざまな調査において、男性に比べて女性の被害率のほうが高いという結果が出ていますが、男性は被害に遭わないということでは決してありません。「男性は性暴力被害に遭わない」という思い込みのため、男性の性暴力被害についての社会的な認知度が低く、被害当事者の身の上に起こったことを表す言葉も容易に見つからないのが現状かと思います。

女性の性暴力被害も、レイプなどの深刻な被害以外の体験を「被害」として捉える動きが生まれたのは、実はまだここ30年くらいのことです[*15]。性暴力被害そのものがいまだ発見される途上にあると言えますが、それでも例えば職場ですれ違いざまにお尻を触られたりしたら、「セクハラだ!」と感じることができるでしょう。ひと昔前までは、そのようなことがあっても「うまくかわす」「うまく流す」ことがよしとされ、女性としては本当に腹立たしく屈辱的なことだったと思いますが、さすがに今そんなことをすれば非常識な人と見られるでしょう。仲間が集まる中で、例えば女性が下着を脱ぐことを強要されたら、それはひどい「性的いじめ」であると、本人も周囲の人も思うことができると思います(ただし、女性であっても自身の体験の相手が知人であったり自分の持つ「性暴力」のイメージと異なったりする場合は、「性暴力」であると認識できるまで時間がかかるとも言われています[*16])。

「からかい」「スキンシップ」なのか？

しかし男性の場合はどうでしょう。このような状況になった場合、それは「性暴力」と捉えられるでしょうか。「いじめ」だと思う人もいるかもしれませんが、「からかい」や「スキンシップ」と思う人も少なくないのではないでしょうか。

ここに興味深い調査*[17]があります。いくつかの性的行為を示し、男性から女性に、あるいは男性から男性に、という具合に行為者（やる側）と被行為者（される側）の性別を男女の組み合わせで考えた場合、それらの行為が性被害*[18]にあたるかどうかを問うたものです。

質問項目は①性的な言葉を言われる／性的な話をされる、②下着を脱いでみせるよう強要される／脱がされる、③無理やりお尻、胸、背中など身体をさわられる、④無理やり性器をさわられる、⑤自慰（マスターベーション）をしてみせるよう強要される、⑥したくないのに性交される／させられる（未遂を含む）の六つですが、男性が被行為者であるほうが女性が被行為者である場合に比べて「性被害にあたらない」とする否定的回答が全体的に高くなっていました。

ことがら	男性→女性	女性→女性	男性→男性	女性→男性
① 性的な言葉を言われる/性的な話をされる	46.3/50.0	17.5/27.8	15.6/19.3	26.4/22.1
② 下着を脱いでみせるよう強要される/脱がされる	98.6/95.7	89.3/80.0	72.3/67.8	85.2/80.9
③ 無理やりお尻、胸、背中など身体をさわられる	91.6/89.7	43.9/57.4	46.6/47.0	57.7/57.5
④ 無理やり性器をさわられる	99.1/96.6	98.6/92.2	84.5/80.2	93.8/90.3
⑤ 自慰(マスターベーション)をしてみせるよう強要される	97.7/96.6	98.1/98.3	93.7/94.8	96.2/95.6
⑥ したくないのに性交される/させられる(未遂を含む)	99.5/97.4	98.6/98.3	97.6/98.3	97.6/91.2

「性被害にあてはまる」と回答した人の割合(%)。女性回答者/男性回答者（岩崎直子、2009年「男児/男性の受ける性的行為に関する意識調査」「小児の精神と神経」より）

また、③「身体をさわられる」については、男性↓女性（男性から女性に行われる）の場合は、男性回答者のうち89・7％（以下の数値もすべて男性回答者の中での数値）が「性被害にあたる」と答えているのに対して、男性↓男性の場合は47・0％、女性↓男性の場合は57・5％が「性被害にあたる」と答えており、女性が男性にされる場合に比べて段違いに少なくなります。②「下着を脱いでみせるよう強要される」についても、男性↓女性の場合は95・7％が「性被害にあたる」と答えているのに対して、男性↓男性であれば67・8％、女性↓男性であれば80・9％と、性被害の肯定率は下がります（なお、女性回答者は、この

②の場合、それぞれ98・6％、72・3％、85・2％が「性被害にあたる」と答えており、女性のほうが男性以上に男性の身の上に起きたことを「性被害」と捉える傾向があると言えます）。④「無理やり性器をさわられる」についても同様の傾向がありました。

そう捉える理由として、同調査の自由記述では、「男の人は冗談で脱いだり脱がされたりしている」「男同士だとどうしても被害感が少ない」「男性同士の場合、性交以外は友達間で十分ありえることだと思う」などの回答があり、おふざけやスキンシップの一部という認識があるようです。しかし、たとえ行う側がおふざけだと思ってやっていても、された側は長年にわたって心身や人間関係の不調に悩まされることがあり、自殺などの深刻な影響が出ることもあります。*19

男性の性暴力＝「凶器で脅される」？

また、男性の性暴力被害は、あったとしても「（刑務所などの）特殊な場所でしか起こらない」「ナイフや凶器を突きつけられてレイプされる」ものだと思われているふしもあります。確かに、そのような被害も実際に起こっています。立場や物理的な脅威、「殺されるかもしれない」という恐怖感を利用した悪質な行為です。しかし、２００９年のアメリカでの研究[20]によると、同意のない性交（肛門にペニスや指などを入れられる、無理やり挿入させられる）を経験、あるいは強要されそうになった男性のうち、凶器を使用された人は5%、怪我をした人は11%、何かしらの脅しがあった人は23%、実際に挿入までされた人は32%であり、社会の思い込みに反して大部分の被害者はそのような明白な暴力を経験しているわけではないことが明らかになっています。

しかも、同意のない性交を経験した男性のうち、医療機関などに援助要請した人はわずか29%で、多くの人はどこにもSOSを出していません。他の調査でも、似たような結果が出ています。

このように実際は異なるにもかかわらず、男性の性暴力に対して社会の（翻って個人の）思い込みがあるため、その枠組みに入らない性暴力、例えば友人や知人から同意もなく性器を触られる、女性から性行為を強要される、マスターベーションを手伝わされたり、自分で行うことを強要されたりするなどの行為をされると、「あれは一体何だったのか」という混乱と疑問、拭えない気持ち悪さや不信感などで頭と気持ちがいっぱいになると思います。

「身体が反応」するのは自ら望んでいたから？

たとえ同意のない性行為であっても、生理的な反応として勃起したり、射精したりすることがあります。このようなことが起こるため、気持ちの中には自身に収めきれない不快なかたまりが存在しても、「自分も望んでいたのか？」「嫌だったけど身体は気持ちよかった」と混乱し、自分が体験したことが何だったのか分からなくなるということも起きます。また、相手が「気持ちいいんでしょ」とたたみかけてきて、混乱に拍車をかけられることもあります。

このような、実際に起きていることと自分の気持ちとの不一致は、「認知的不協和」とも言われます。人は矛盾のある状態は不快であるため、自分の気持ちを変えようとしたり、起こっていることを過小評価したり、新たに「こうかもしれない」と考えを加えたりすることで、その矛盾をなくそうとします。例えば、「仕事の量が多すぎるから職場を変わりたい」けれども「上司に言い出せない」ような場合、「他の人もこなしている」「もっと大変な部署だってある」と仕事量の多さを過小評価したり、「もっと慣れてきたら大変だと思わなくなるかもしれない」「仕事の量が多いのは一時的なことで、しばらくしたら落ち着くかもしれない」などと考えを加えて、自分の中の矛盾を解消しようとしたりします。

同じようなことが性暴力を受けたときにも起こり得ます。相手が男性である場合は、セクシュアリティの混乱も起こり得ます。被害に遭った後、「自分は同性愛者なのではないか」と考える被害当事者もいますが、その理由の一つには、嫌だったにもかかわらず性的快感を抱いてしまった、ということがあると思います。異性愛者であるなら性的快感を抱くはずがない、だから自分は同性愛者なのかもしれない、と自身の中にある認知的不協和を解消しようとします。もし自分が同性愛者だったら、あの不快な（あるいは奇妙な）体験は純粋な性行為だった、とさらに進んで思い込もうとする被害当事者もいるかもしれません。そのような、自分の身体の反応と気持ちとのギャップの大きさから、体験したことを「被害」と認めがたく、自身の考えを変えることで違和感や不快感をなだめようとする心の働きもあるのです（あるいは体験を「被害」「嫌なこと」であると認めても、自分は同性愛者なのかもしれない、同性愛者になったのかもしれない、と思う被害当事者も多くいます）。

いまだ異性愛中心主義で、同性愛に対する理解の乏しい社会においては、同性愛恐怖が存在しています。同性愛や同性愛者についての根拠のない思い込みや差別感情が社会全体にあり、そのため自身が「同性愛者だとしたらどうしよう」とさらなる不安を持つ被害当事者もいます。人の持つ自然な性的指向の一つとしての同性愛に対して社会に偏見があることも、被害当事者の不安と結びついていると言えるでしょう。

女性が加害者の場合

第3章で詳しく述べますが、女性が加害者である場合もあります。しかし、「女性＝被害者」というイメージが強固に存在しているため、女性から意に沿わない性的行為を強要されても、それを「性暴力被害」であると受け止めることは、本人にとっても周囲の人にとっても大変困難なのが現状です。

２００２年のアメリカの調査では、18歳から24歳の男性１４００人のうち、６・１％が女性に性交を強要されたことがあるという結果[*21]があります。また、イギリスでは、少年への性的虐待の加害者のうち20％は女性であるとの調査結果があり、同様の調査でスウェーデンでは加害者の10％が女性であったとの調査結果が出ています。[*22]

実際にはこのように女性からの加害が存在するのですが、男性が女性から性行為を強要されることが社会で想定されていないため、体験そのものを「性暴力被害」という枠組みで捉えるのがとても難しいと思われます。

しかし、相手の性別にかかわらず、同意をしたわけでもないのに性器やお尻を触られたり、相手の性的箇所を触らされたり、性行為を強要されたりするのは性暴力にあたります。

性的虐待

性的なことを理解する前に被害に遭った場合、強い恐怖や嫌悪感、混乱などが生じ、長期的な影響を受けることが多いです。しかし、そこで何が起こっていたのかということを理解するのは難しく、性的な知識を得てから非常なショックを受けることも珍しくありません。また、性的虐待の場合は、加害者は「グルーミング」と呼ばれるような、被害児に優しくして信頼を得た上で加害行為に及ぶこともあります。その場合は被害児自身も好奇心から行為に参加したように感じることがあり、混乱の中で何が起こったのか捉えることは難しいと思われます。

恥と敗北感

ここまでは、「男性は性暴力被害に遭わない」などの社会の了解ゆえに「被害」と捉えられずに混乱することを中心に書いてきましたが、男性個人の中にも「被害」と認めることに対する葛藤材料があることについても書きたいと思います。

男性は「強くあれ」とされる社会において性暴力を受けるということは、被害当事者にとってとても屈辱的で恥ずかしいことであると思います。性暴力「被害」という言葉そのものも敗北感を味わわせられる言葉でしょう。弱みを見せたらつけ込まれるような、「力」が場を支配するような世界に生きている人にとってはなおさらそうだと思います。「抵抗することができなかった」「やられてしまったのは自分が弱いからだ」と自分を責め、恥ずかしいと思ってしまうのは、男性に暗黙の裡《うち》に求められる〝理想像〟がある社会では、ある意味当然なのかもしれません。また、性別にかかわらず、被害の後に受けたダメージの大きさゆえに、「なぜ避けられなかったのか」と自分を責めてしまうこともしばしばあります。もし自分の力で何とかできていたとすれば、次に同じようなことがあったときに避けられると思うからでしょう。

そのような自責感や恥の感情ゆえに、被害を被害として認識することが難しくなることもあります。しかし、責められるべきは加害者であることは、繰り返し指摘したいと思います。

また、社会の側にも暗黙の裡に男性に対し強さを求めているところがあります。そのため、たとえ被害当事者の男性が心に傷を負ったとしても、社会の中には「それぐらいのことで」と被害そのものを矮小化する傾向があり、そのギャップで被害当事者が苦しむことも少なくありません。

4　被害開示と援助要請の難しさ

先に見てきたように、まずは自身に起きた出来事を「性暴力被害」などの概念として捉えることに難しさがありました。確かに嫌なことだったし、不快感もあったけれど、それをセクハラやレイプ、また性暴力被害という言葉で考えることについて、迷いや葛藤が起きるのは特別なことではありません。

性的に侵害された体験は非常に個別的で、個人的な経験でもあります。ですので、性別などの個人の属性にかかわらず、その体験を整理し他人が理解できるような言葉で説明することは労力のかかる作業でもあります。

被害開示

男性が女性に比べて、性暴力被害の認識を得にくいことと関連して、男性はいったん自らの体験を性暴力被害などの言葉で捉えることに納得しても、なかなか他人には打ち明けられない傾向にあります。

男性の性暴力被害者への援助について、イギリスで80年代から男性の性暴力被害について調査研究し、実際に支援を行っているメジーとキングは、男性の性暴力被害への対応は基本的に女性の場合と同様であると言います。*23 性暴力は、多くの場合に男性であるからといってその影響が小さいわけではなく、症状が出ないということでもありません。ですか

ら、その症状や影響への対応は基本的に性暴力被害者として共通していることが多いでしょう。しかし、実際に支援につなげるには、男性特有の困難さもあると言われています。

何か問題が起きたとき、誰かに助けや援助を求める行動のことを「援助要請」と言います。助けが必要だと感じているとき、支援をしてくれる人がいると分かっているとき、助けを求めてもよいと考えられるときに行われます。

しかしこの援助要請は、男性の性暴力被害者にとっては難しい問題となっています。その背景を援助する人との相互作用で考えてみましょう。

男性性規範と援助要請

専門的な支援は限られているとはいえ、友人や家族、またクリニックやカウンセリングなどの場所や人も援助要請先として考えられます。

男性の性暴力被害者の援助要請について、その障害になっていると考えられているものに、①男性性規範、②アイデンティティの問題、③ホモフォビアが挙げられます。[*24]
①男性性の規範では、助けを求めるのは男らしくないことなので「女々しい」とされたり、問題に耐え続けるのが良いことだとされたりします。実際、性暴力に限らず男性は女性に比べて助けを求めることが少ないとも指摘されています。
②アイデンティティの問題というのは、男性が性暴力の被害を受けたことで「同性愛者」として見られるのではないかという不安や、そのような不安を作り出す③ホモフォビア＝同性愛嫌悪の影響を指しています。
また、男性の被害者は女性に比べて被害を報告していないと推測されています。[*25] ある調査で1年以内に性暴力被害を受けた32名の男性を対象にしたインタビューとフォーカスグループでの議論を分析した結果では、①伝統的なジェンダー規範、②恥やアイデンティティへの衝撃、③コストの三つが援助要請の壁になっていました。[*26]
さらに、ホットラインに電話をした男女の性暴力被害者を比較した研究では、男性の被害者の特徴として、①他の支援がない、もしくは限られているから電話をしている、②専門機関へのリファーを求めている、③友人・家族・専門家を含む他者への不信感、④境界の混乱、の四つが挙げられています。匿名やプライベートなほうがグループよりも気楽にできること、また、コミュニティの中で病院などのサービスを探すことや、被害を開示することに躊躇《ちゅうちょ》があるのではないかと考えられています。[*27]

専門的な援助につながった後は、男性の性暴力被害者の処置及び、その効果に関して情報が少ないと言われてきました。そのため男性被害者の求めることが女性被害者と同じであると決めてかかることは留保しながらも、男性被害者の援助要請の困難さとニーズに気づくことが必要であると言います。[*28]

これまでの調査からは、男性被害者が助けを求めたいと思っているにもかかわらず、男性が期待される振る舞い（男性ジェンダー）の影響からそのような行動を取りづらく、その中身に恥ずかしさや同性愛嫌悪があることが分かります。また、社会的に期待されている男性のあり方は、当事者のみならず周囲の人たち、つまり第三者にも影響していることも類推できます。③他者への不信感とは、男性である自分が性暴力被害に遭ったと打ち明けたとしても信じてもらえないだろう、同性愛行為と見なされるのではないか、といった不安を与える言動を日頃から周囲の人がしているからかもしれません。

日本でも具体的にどこに相談すればいいのか分からない状況があります。50ページにも挙げたNHKの行ったアンケート調査では、66・4％が「どこ（だれ）にも相談しなかった」と回答し、その理由として三番目に多かったのが、「どこ（だれ）に相談してよいのか分からなかった」でした。現在は多くのワンストップ支援センターで男性の性暴力被害者の相談を受け付けていますが、それが知られていないことや、それ以外では男性の性暴力被害者支援を謳《うた》う施設が非常に限られているために、実際的に支援を求める行動が取りにくいという実態があります。

第3章　性暴力と「男性被害」——歴史と構造

男性が性暴力被害に遭っていること、そしてその影響は甚大なものです。しかしそれでも性暴力という問題の中で、性暴力被害と男性を結びつけることは、なかなか難しく感じるのではないでしょうか。

イギリスの社会学者でフェミニストのコーエンは、フーコー派の立場から「男性レイプ被害は、フェミニストの問題だ」と言い切っています。[*1] それは、男性＝加害、女性＝被害という図式自体が非常にジェンダー化されたもので、それ自体をフェミニズムの問題として扱うことができるからです。この言葉は画期的だったと思います。なぜなら、性暴力において男性の性暴力被害は、位置付けが困難だったからです。

これまで男性のほうに性暴力加害者が多かったことは明らかになっています。そして、単に「人は誰でも性暴力被害に遭う」では解決されないのは、性暴力の問題は女性に対する差別の歴史、そして現状に深く関わっているからです。これは、女性やフェミニズムが男性の性暴力被害を蔑《ないがし》ろにしてきたということではありません。むしろ、これまで被害者支援や調査研究で、男性の性暴力被害者に向き合ってきた人の多くは女性です。この章では、性暴力についての歴史を簡単ではありますが振り返り、男性被害者を取り巻く状況を考えてみたいと思います。

1　性暴力の歴史

性暴力が人権の侵害と捉えられるようになったのは比較的最近のことです。というのも、「人権」という概念が世界的に広まったのは1948年に国連で「世界人権宣言」が採択されたことによるところが大きく、第二次世界大戦後のことだからです。

所有財産から自己決定権へ

英米などでは、女性とは男性の所有財産であり、強姦とはその女性という財に対する財産犯と捉えられていました。[*2] 今日のように性暴力が「性的自由・性的自己決定」の侵害であると一般的に捉えられるようになったのは、性暴力が女性の権利の問題として議論されるようになったためです。女性に対する暴力（Violence Against Women）という言葉がありますが、その主張は第二波女性解放運動（第二波フェミニズム）に負っていると言われます。[*3]主に女性の参政権を求める第一波フェミニズムののち、1960年代から公民権運動を背景に起こる第二波フェミニズムでは、「性」的な差別が自覚されるようになりました。1975年のブラウンミラーに代表される第二波フェミニズムのラディカルフェミニズム理論モデルでは、「レイプは男性支配の副産物であり、セックスではなく権力」であると喝破しました。[*4]

このようなフェミニズムによる性暴力への視座の変化は、1977年までアメリカの裁判所などで一般に受け入れられていた、レイプは「男の財産に対する犯罪」という定義を改革しました。1988年に法学の立場から性的自由について欧米の動向をまとめた上村貞美は、性的自由という概念は刑法学の中で特に強姦罪に関して用いられ、1970年代から欧米で強姦が社会的な問題となり法改正が行われ始めたと述べています。[*5]

1979年の国連総会で採択された「女子に対するあらゆる形態の差別の撤廃に関する条約」では、女性への暴力に関する規定はありませんでしたが、1993年に国連総会で

「女性に対する暴力の撤廃に関する宣言」が採択され、その第1条に「『女性に対する暴力』とは、性に基づく暴力行為であって、公的生活で起こるか私的生活で起こるかを問わず、女性に対する身体的、性的若しくは心理的危害または苦痛（かかる行為の威嚇を含む）、強制または恣意的な自由の剝奪となる、または、なるおそれのあるものをいう」（ミネソタ大学人権図書館訳）とされました。

ここまで、性暴力が人権の侵害であると社会的に認められるようになってきた世界的な潮流を紹介しましたが、日本ではどうだったのでしょうか。江戸時代以前の日本にも性暴力が存在していたことは、川柳や戯曲の他、さまざまな歴史資料から明らかですが、[*6]ここでは明治時代以降の歴史を追っていきたいと思います。

明治時代というのは、日本が近代国家としての体裁を整えていき、現在にもつながる法体系が作られ始めた時代ですが、女性が政治、司法、経済、高等教育など、あらゆる公の場から明確に排除されていく時代でもありました。[*7]当時は、日本でも他国と同じように女性は男性の所有物であると捉えられ、夫が妻を「躾《しつけ》」のために「折檻《せっかん》」することも許容されていました。貧しい家は、口減らしや生きていく収入を得るために、娘を遊郭に売ることもありました（一方、男児や若い男性は同じような理由で商家などに奉公に出されたり、芸事を行う組織に売られたりすることもあったようです）。女性にとって、そしておそらく弱い立場にいる男性にとっても、自身の性の尊厳が大事にされるような時代ではなかったと言えます。

そのような中、矢島楫子《やじまかじこ》をはじめとする56人の女性たちが、１８８６年に日本で初めての女性団体「東京婦人矯風《きょうふう》会」（以下、矯風会）を立ち上げました。男尊女卑の風潮が根強かった時代に、矯風会は公娼《こうしょう》と妾《めかけ》の廃止、男女対等の一夫一婦制、禁酒を求めて声を上げました。これらのテーマには、性や暴力が色濃く絡んでいます。すなわち、当時は酒を飲んで妻に暴力を振るい、それだけでは飽き足らずに遊郭で買春する男性が多くいました。男性が遊郭に通うことで、家計が逼迫《ひっぱく》し、そのために娘を売るという悪循環も発生していました。[*8] 女性の性を商品として搾取することを公的に認めていた公娼制度に反対し、身体的暴力や性的放縦《ほうしょう》につながる飲酒に反対することは、女性のいのちや性の尊厳を守ることと直結していました。

ヨーロッパやアメリカで起こった第一波フェミニズムの流れの延長線上に、日本で起こった上記のような活動や婦人参政権獲得運動を位置付けるかどうかということには、議論の余地があるようですが、少なくとも、同時代的に抑圧されてきた女性の権利を求める動きが起こっていたことには、注目すべきだと思います。その動きの中で、性というものが女性によって取り上げられた意味は大きいのではないでしょうか。

第一波フェミニズムでは、参政権などの公的領域における男女平等が求められましたが、第二波フェミニズムにおいては、「家父長制」という概念が注目され、家などの私的領域における男性中心主義に異議を唱える声が上がりました。日本では、その時期に「優生保護法改悪」が問題となりました。具体的には、1972年から1974年にかけて、経済的な理由で中絶を行うことができないようにし、障害を持つ胎児の中絶を可能にする胎児条項を入れる、という法改正が目指されました。しかし、女性団体や障害者団体の強い反対で、最終的には改正には至りませんでした。対象となる事項は違えど、この運動の中でも女性の身体と性に対して女性たち自身が声を上げた事実は特筆すべきことだと思います。

このような時代の流れの中で、セクシュアル・ハラスメントという言葉が登場します。1986年、千葉県・西船橋駅のホームで泥酔した男性が見知らぬ女性に絡み、胸ぐらをつかんだために女性が抵抗し、男性は線路に落下し死亡する、という事件が起こりました。しかし男性は高校の体育教師、女性はストリップダンサーであったことから「女性はもっとうまく立ち回るべき」などと女性を非難する世論もありました。最終的には女性は無罪となりましたが、裁判の過程で、そのような女性非難に対して「セクシュアル・ハラスメント」という言葉を用いて女性を支援した団体があり、そこからこの言葉が世に知られるようになりました。1989年には、福岡で日本初のセクハラ訴訟も起こされました。出版社に勤めていた女性が、上司の性的言動やそれをもとにした性差別による退職(実質解雇)に対して訴えた裁判で、多くの人々のサポートを得て勝訴しました。「セクシャル・ハラスメント」は1989年の流行語大賞となり、以後人々の意識も少しずつ変わってきていると言えます。それまで〝日常的〟であった性的行為・言動や性差別的意識が、「ハラスメント」や「暴力」に定義しなおされた瞬間でした。

これまで見てきたように、それまでの「当たり前」に異を唱える女性たちの声によって、性についての自己決定権や侵害が目に見えるようになりました。男性の性暴力被害が調査されたり注目されたりするのは、女性への性暴力に対する関心が持たれ始めた時期よりもずっと後でしたが、このような性に対する意識の変化が、男性への性暴力の発見にもつながったと言えるでしょう。

１９８５年に日本が批准した「女子に対するあらゆる形態の差別の撤廃に関する条約」を受けて、１９９９年には日本で男女共同参画社会基本法が施行され、この第３条「男女の個人としての尊厳が重んぜられること」に、女性に対する暴力の禁止が含まれるとされています。[*9] 性暴力被害者への支援は、２００４年の犯罪被害者等基本法に基づき、２０１０年の第二次基本計画の策定の際には、性暴力被害者への支援が進んでいないことが被害者団体から指摘され、ワンストップ支援センターの設置促進が主な施策として挙げられました。[*10]

性暴力と性犯罪

性犯罪は、性暴力の中でもごく一部の行為を取り締まっています。ですので、性暴力と性犯罪の被害者は重複していますが、全く同じではありません。例えば被害者学という領域があります。被害者学の立場からは、被害者の定義は、法律上の犯罪被害に限定する

「最狭義の被害」から犯罪以外の被害を含む「最広義の被害」までの幅があるものとして整理されています。[*11]

性暴力の定義を思い出してみれば分かる通り、犯罪として捕まらなければ他人の性を侵害してよいということにはなりません。また、被害者であるということは、犯罪として認められなければならないわけではないのです。この点は重要で、よく「犯罪でもないのに言うな！」「証拠はあるのか！」などと、法律上の定義がまるで葵《あおい》のご紋の印籠か何か絶対的な基準であるかのように言う人がいます。性暴力の定義に照らせば、その行為が侵襲的であるかどうか、同意があったかどうか、望んでいたかどうかなどは、その当事者にしか本来分からないものです。つまり、性暴力の行為とそれが被害であるかどうかを決めるのは本来的には被害者です。

一方、性犯罪においては、犯罪行為を客観的に評価して第三者が決めます。ですから、被害者にとっての性暴力の甚大さと、その犯罪名や量刑が一致するとは限りません。例えば、不同意性交等罪（ペニスを挿入される、させられる被害）と不同意わいせつ罪ではその刑罰の重みは異なります。また、どういった行為がなされたかということは証拠をもとに裁判で評価されます。ですが、性暴力被害の重さを量刑ではかることはできません。挿入を伴う被害だと侵襲性が高いと思われるかもしれませんが、被害者にとっては手でずっとペニスを触られていた結果射精してしまったという出来事のほうが、侵襲性が低いとは言えないのです。

法律上の性犯罪に限定すれば、性暴力被害者は警察の統計に表れる被害者数で考えることができます。ですが性暴力は一般に訴え出ることが難しい被害の一つです。その暗数については、一般国民を対象にした調査によって、警察に認知されていない犯罪の件数を調べることで推測されています。この暗数調査は法務省・法務総合研究所が、2000年からほぼ4年ごとに「犯罪被害実態（暗数）調査」を行っています。この調査で尋ねられている「性的事件」とは「強制性交等、強制わいせつ、痴漢、セクハラ等をいい、法律上必ずしも処罰の対象とならない行為を含む」とし、回答者の被害の認識を問うものになっています。

性犯罪として取り締まりの対象となっている行為は、性暴力の中でも一部のものです。そしてその行為は第三者が客観的に見て判断できることが必要になっています。そのために、被害当事者が感じていることや状況の認識、被害を受けるまでの文脈などが、必ずしも司法の枠組みの中での判断と一致しないことがあります。
刑法で定められている性犯罪に関する法律というのは、社会の最低限のルールを示していると思います。これまで書いてきた通りこの刑法、旧強姦罪では男性はその被害対象者とはされていませんでした。つまり、日本社会で最低限守られるべき性犯罪の被害者に男性は含めなくてもよいと考えられてきたと言えるでしょう。しかし、これに対して司法の立場からの疑問視がなかったわけではありませんでした。
刑法は国民が守るべき法律で、国を縛るのが憲法です。その憲法の第14条に抵触しないのかが、旧強姦罪における問題の一つでした。「すべて国民は、法の下に平等であって、人種、信条、性別、社会的身分又は門地により、政治的、経済的又は社会的関係において、差別されない」という条文のことです。この条文の性差別の禁止に抵触するかどうかが問題でしたが、1953年に最高裁が合憲とする判断を示して以来、問題とされることはなかったと言います。[*12]
性犯罪に関する刑法の改正が進む大きなきっかけとなったのは、2014年に松島みどり法相が「性犯罪の罰則に関する検討会」の設置を指示したことです。その背景にはジェンダー法学の研究や男女共同参画の取り組みなどがありました。また、２００８年には国連自由権規約委員会から男性被害を認めるように所見を出されていたことも影響していたでしょう。

研究者、実務家、活動家、当事者らの働きかけの中でようやく２０１７年に明治以来の大きな改正にこぎつけました。また、２０２３年７月には再び規定が見直され、不同意性交等罪をはじめ、改正刑法が施行されました。男性の性暴力被害の観点からは、この改正案が可決される際、参議院法務委員会の自民、立憲・社民、公明、維新、国民・新緑風会、共産の共同提案による附帯決議（刑法及び刑事訴訟法の一部を改正する法律案に対する附帯決議）が提出され、「三　性犯罪が被害者の性別を問わないものとなっていることを踏まえ、被害の相談、捜査、公判のあらゆる過程において、男性や性的マイノリティの被害者について適切に対応できるよう、関係機関等に対する研修等を通じて徹底させるよう努めること」という条文が採択されていることが注目されます。改正された法律は、性犯罪の被害者と加害者のセクシュアリティを問わないものとなりました。附帯決議でも触れられているように、性暴力に対する国の意思はジェンダー中立ですが、実際の社会には性差別、性的マイノリティに対する差別が存在しているため、法律と実際の運用が一致するために研修などを通じた周知が必要だと考えます。依然として性暴力被害者のすべてを救えるような法律ではなく、今後も見直しが必要ではありますが、男性の性暴力被害という点に限ってみても、大きく社会の認識を変えていくものだと思います。

法律の改正で分かったことの一つが、認知件数です。２０１７年まで男性は犯罪として強姦の被害者にはならなかったので、数としては不明だったのですが、それが分かるようになってきました。また、法律上の被害者の位置付けができたために、今後は施策としても支援のあり方が改善されていくと思われます。

2　不可視化の構造

男性の性暴力被害が不可視であるとはどのような意味でしょうか。不可視ということは見えていないということです。しかし、現実には男の子も成人の男性も性暴力被害に遭っています。この事実と矛盾する「見えない問題」とはどのようなことなのでしょうか。
第1章で触れたように、男性のレイプ神話というものがあります。

男性レイプ神話

神話という言葉には、「1　宇宙・人間・動植物・文化などの起源・創造などを始めとする自然・社会現象を超自然的存在（神）や英雄などと関連させて説く説話。2　実体は明らかでないのに、長い間人々によって絶対のものと信じこまれ、称賛や畏怖の目で見られてきた事柄」（デジタル大辞泉）という、二つの意味があります。レイプ神話という言葉を使うとき、それは後者の意味合いで、レイプという性暴力について何らかの理由をつけて暴力ではないと正当化するための誤った信念のことです。そして、レイプ神話は、被害者を責める言説となり、二次被害を生むセカンドレイプとなります。

レイプ神話は四つのタイプに分けられています。*13

①被害者／サバイバーを責める信念：「酔っていたなら多少は責任があるだろう」「暴力や

脅迫がないなら、レイプじゃないだろう」
②申し立てに疑いを投げかける信念：「復讐や嘘《うそ》で相手をはめようとしているんだろう」「被害から時間が経《た》っているから、信じがたい」
③加害者を免罪する信念：「男は性欲を我慢できないから仕方ない」「女性のほうが誘うようなことをしていたのではないのか」
④「本当のレイプ」がどのようなものかについての信念：「レイプは知らない人から暗がりでされるもの」「常に暴力的なもの」「男性はレイプされない」「女性は加害者にならない」

被害者の言動を責め、その告発を信じず、加害者を擁護することはよくあります。例に挙げられているような言葉が文字通りにあるいは、あからさまに使われている状況はそれほど目にしていないかもしれませんが、被害者擁護のようなこと、または、「差別ではないけれど」などと断りを入れながら、レイプ神話をなぞるような言葉は投げつけられています。なぜそんなことを言えるのかといえば、それが事実に基づく根拠ではなく信念に基づいて発しているからでしょう。またこのような被害者非難には、人が社会に対して持っている理想が表れていて、そのような安定した秩序を崩さないために、事実を否認する心理が働くことも指摘されています。これを、「公正世界信念」と言います。

さまざまなレイプ神話がありますが、男性被害者に対する神話としては次のようなものが挙げられます。*14

①男性はレイプされない
②「本当の」男は、レイプから身を守れる
③ゲイ男性だけが被害者および／または加害者
④男性はレイプによって影響されない（女性ほどではない）
⑤女性は男性に性的暴行を行えない
⑥男性へのレイプは刑務所内でのみ起こる
⑦同性からの性的暴行で同性愛になる
⑧同性愛と両性愛の人は不道徳で逸脱しているので、性的暴行に遭うに値する

⑨もし被害者が肉体的に反応したのなら、その行為を望んでいる

先ほど見たように、ここには被害者非難、その告発への疑い、加害者擁護が見て取れます。また、「本当のレイプ」は、男性加害者が女性に対して行うもので、そうでなければ同性愛の問題ということになっています。

こうした信念は、強力なジェンダー規範を表しています。それは、男は強い、女は弱いといった二項対立のジェンダー関係が基準となった世界観です。そのため、男性が性暴力の被害に遭うということは、そもそも信じられないことか、もしくは「女々しく、弱い」劣った男とされたり、そうでなければ性的指向に原因を求められたりしてしまいます。このことによって、強い男という幻想は維持されながら、男性被害者は不可視となっていくのです。

「被害者」だと感じづらい社会

第2章で見たように、男性というカテゴリーが被害を開示すること、誰かに助けを求め

ることを阻む要因の一つが、性に基づくさまざまなルールです。ジェンダーやセクシュアリティは社会的な問題ではあるのですが、その社会に生きている被害当事者自身の認識にも影響しています。単に社会的に男性の被害が認められなかったり、矮小化されたりするだけではなく、そのような社会で男性というカテゴリーを持って生きている被害当事者も、自分自身の被害体験についてそのように理解するようにされているということです。つまり、男性性が男性被害者の自己認識に影響を与えているということです。

男性の性暴力被害の可視化が進み、支援体制も日本より進んだ諸外国では、男性被害者の特徴について、男性被害者自身がどのように自己認識していたか、そのプロセスも示されるようになってきました。すでに治療的な支援を終えたサバイバーに経験を聞いた研究があります。[*15]そこから明らかとなったのは、男性被害者はレイプ神話と共通するジェンダー化された語りにさまざまな場面で遭っており、男性性に含まれる意味（「強い」など）が被害体験を理解する方法を形づくっているために、どのような反応をされるか恐れて他者には話せなかったり、また、そのような男性性を期待されるために、いわゆる男性として特徴的な対処行動をとったりしていました。

彼らは、ジェンダー化された物語との出会いの中で、これらの男性的な基準と、対処法について語っています。例えば、反社会的な行動をとることによって自己感やコントロール感を取り戻すことがあります。心の内で感じていることの対処に薬物を使用したりすることで「〝モンスター〟でなければ生き残れなかった」という感覚を述べる人もいました。あるいは、被害によって性的存在としての自分自身の感覚を失い、誰と性行為を行うかという自由な意思決定をなくしてしまったため、自由な意思決定を取り戻し主体的な行為であると確認するために「無謀な」性行為に追いやられていた、という人もいました。

こういった対処の仕方は、ある意味で「男性的」でもあります。「レイプとは権力に関することで、レイプされ、無力で、権力を持たないことは、男性性をなくしていくこと」だと語られているように、男性が性暴力被害に遭うことは男性性のルールに背くことになると当事者自身も感じていました。

彼らには、その状況から逃げられなかったことを理解しつつも、男性性が課す可能な振る舞いの中で対処せざるを得なかったという側面があると思います。それゆえに、被害を認めることは、規定された男性性の外部にある脆弱性や服従といった特徴を受け入れることを意味し、このことによってネガティブな感情が悪化しているようだったと言います。男性の性暴力被害の不可視とは、ジェンダーとセクシュアリティの規範によってさまざまな性のあり方が無視され、男性＝加害者、女性＝被害者という男女二元論の非常に狭いルールから外れたことによって被害事実それ自体が人々から認められないことです。この中には、被害当事者も含まれているため、それによって声を上げづらく、被害は隠されていきます。

3　男性優位な社会での男性被害者の位置

ジェンダーが男女の権力関係を表すように、ジェンダーやセクシュアリティの規範が存在しているのは、この社会が特定の性的なあり方を認めそれ以外を排除している状況があるからです。これはつまり、誕生したときに社会に登録された性別の通りに生きられるシスジェンダーで、異性を愛する男性が有利に生きられる仕組みです。

これまで見てきた男性の性暴力被害では、男性というカテゴリーに注目しています。男性の性暴力被害者が社会の偏見によって影響を受けている不可視性の裏面には、男性優位な社会において男性であるというだけで受け取れる有利な利益もまたあります。この両面性こそが、男性というカテゴリーが持っている被害の理解の難しさでもあります。

男性特権との関係

男性被害者が自身の不快な体験を、性的虐待、レイプ、セクハラなどの、性暴力と関連する言葉を使って名づけることは、その後の回復プロセスにおいて重要な起点となります。性暴力の被害者であること、そして男性であることを両立させるのはその後のあり方を左右する場合があります。

これまでの研究からは、性暴力に遭った男性のその後の反応として、暴力的な、つまり「男性的な」振る舞いをする傾向があることが指摘されています。もちろん、傾向であってすべての被害者がそうなるわけではありませんし、また、暴力的な振る舞いを「男性的」と見る視点についても、自己省察が必要です。しかし、第5章でも見ていく通り、一方では男性性を取り戻そうとするプロセスに入る人もいて、その場合には被害を否定し蓋をする傾向が見られます。また他方では、被害者であると受け止めたことで、自身の男性という性別について葛藤を抱えることがあります。

素朴な男らしさを多かれ少なかれ期待され、また気づかぬうちにその男性というポジションで得られる利益を享受して生きていた男性被害者が、自らの男性というカテゴリーと向き合わざるを得ないことが、性暴力被害体験の一側面としてあります。男性性の混乱という状態に表れているように、自分のセクシュアリティを相対化し考える必要が生まれてくるため、その結果として自身の持つ男性特権、男性というカテゴリーの権力性と被害体験に整合性が取れなくなってくるのです。

男性であるがゆえに受け取れる利益があることを、男性特権と言います。これは個人が望んでいようといまいと、手にしているものです。男性自身はなかなか気づきにくいことかもしれません。私（宮﨑）はクレジットカード会社から電話がかかってきたときに、非常に横柄な態度で質問を続けられたことを思い出します。おそらく私の声がそこまで低くないために、女性と思ったのでしょう。「奥様ですか？」と聞かれたので、本人だと答えたところ態度が一変し、私が慣れている普通の態度で話すようになりました。またあるとき、営業で職場に来た男性が、決定権を持つ女性オーナーではなく、ただのバイトの私のほうばかりを見て、まるで私がオーナーかのように接せられたことも思い出します。男性である筆者（宮﨑）にとって他者が振る舞う普通の言動というのは、男として見られることによって行われていることです。ですから実は普通のことではなかったと長い間気づくことがありませんでした。男性という性別を持っていることによって得られる利益というのは、私個人が望んだことではないかもしれませんが、手に入ってしまうのです。だからこそ、特別な権利であるということに気づかないままで生きていけるのです。

男性が性暴力被害に遭うことが理解されづらい状況というのは、この性に基づく社会のルールが影響しているのですが、裏面ではそのルールの中である種の恩恵に与《あずか》っている状態でもあります。女性が劣位に置かれているために「女性化」という問題が生じ、同性愛が差別されるために、性暴力被害が同性愛の問題として排除されていることを説明しましたが、これらが問題となるのはそもそもそういった差別が存在するためです。同様に、男性特権が得られる社会というのは、男性の理想的なイメージが称揚され、一方で女性差別やマイノリティ差別を作り出している状況のことです。ですから、男性が現状の男性らしさを維持し、男性特権も手にしながら、男性の性暴力被害を理解することは困難でしょう。男性の性暴力被害における困難の一つは、男性優位の社会のルールに沿って生きるならば、男らしく生きることで性暴力被害を否定するか、はたまたルールに背いて被害経験を受け止めるかを迫られてしまう点です。

加害者が被害者を隠蔽する

このような二者択一を被害者に迫ることで、男性の性暴力被害を隠していくことができます。性差別がある社会とは、つまり女性差別がある社会です。それはそのまま男性被害の不可視の状況そのものであると言えます。

男性被害者が自身の性暴力被害体験について葛藤する状況自体が性のルールの影響によるものですが、これは社会のあり方が広くそのように被害者個人に仕向けているということでもあります。

加害者は巧妙で、自身の加害が表面化しないように手を尽くしますが、その際、「性のルール」を使うこともあります。もちろんこれをジェンダー論に基づいて意識的にやっているというわけではなく、結果的にそのルールに沿うことで隠蔽できているのです。

加害者がターゲットに近づく際には、「男性は性暴力被害に遭わない」というルールを利用しています。男性同士であれば同性であるため風呂やトイレでも身体的距離が近い場所に行けますし、その状況に誰も違和感を持つことはないでしょう。男性は「性暴力被害に遭わない」ことになっているのですから、加害者の目的が性行為であったとしてもその目的に気づくこと自体がターゲットとされている人には難しいかもしれません。また、加害者の女性がターゲットへ近づくのは、男性であれば望ましく喜ばしいことだからと拒否しづらくさせます。女性から近づいてくるならば、それを受け入れないのは男らしくないことになるからです。

実際に何らかの性的な加害を働く最中には、加害者は「男は強い」というルールを利用しています。加害者が近づいたときに拒否し戦わなかったのだから男らしくない、もしくはその行為に同意していたのだと感じさせることができます。その際には男性の身体反応を利用し、あたかもそれを望んでいたかのように思わせることで、混乱や葛藤を引き起こし、被害認識を遅らせる場合もあります。また、加害者が女性であれば、そこに男性の能動的な性行為への関わりを生じさせることで、その行為が性暴力被害であったと考えにくくさせられるかもしれません。

暴行や脅迫が用いられる際も、性を用いた暴力という点は隠されることがあります。例えば、「性的いじめ」について考えてみましょう。加害者たちは特定の人を無視したり、暴言を投げつけたり、暴力を振るったりなどさまざまな行為の中で、性を用いた暴力を使います。「いじめ」という一連の言動の中に性が紛れ込むと、そこに加害者の性的な動機を見つけにくく、身体の弱い部位を狙ったということで、性的な行為が性暴力としてではなく、いじめの一環として位置付けられることになります。

紛争下における男性や男児への性暴力についても研究で徐々に明らかになっていますが、性を用いた暴力は、統計上は非常に少ないものだと見なされていました。それはその加害が身体への暴行や拷問として計上され、性暴力として反映されていなかったからだと言われています。ある紛争下の報告書では男性や男児に2％の性暴力被害があったとされましたが、それらの証言で性器に対する暴力など複数の形態を含めてカウント調査したところ、29％まで上がったということです。[*16]

2020年に放送されたドラマ「半沢直樹2」では、失敗した部下を叱り、その際に性器をつかんで痛みを与えるというシーンがありました。その描写では性暴力という視点よりも、それに反応して足を閉じてしまう男性がコミカルに描かれ、その場にいた全員が注目し、白けた視線を送っていました。性器をつかむことや、そこを蹴ることは、ふざけていること、単に弱い部分を狙っただけということにして、性的ではないような印象を与えることができます。パワハラやいじめといった「性的」要素が含まれないようなラベルを貼り、性暴力を隠すことができるのです。

同性間の性暴力に関しては、ホモフォビアに晒されその被害を開示しづらいことがあると先述しました。加害者も同様にそのレッテルを貼られる可能性がありながらも、それはあまり重視されません。なぜなら、ある行為が性暴力だと定義し伝える必要があるのが、常に被害者の側だからです。加害者のほうからは同性間の性行為ということを明らかにする必要がありません。さらに、「女性化」という性差別をもとにした力関係では、加害したほうが男らしく表象されるために、より隠れやすくなると言えるでしょう。

4　男性と加害／被害の関係

性暴力と男性被害について考えるときに常に付きまとうのは、男性と加害という問題です。性暴力という問題が可視化されてきたことには、女性の声、マイノリティの声が大きく影響していました。その文脈の中では「ジェンダーに基づく暴力」という言葉があります。「ジェンダーに基づく」とは、個人がそのジェンダーというカテゴリーに入ることを理由に、暴力が正当化されている状態を言います。「フェミサイド」という女性を狙った殺人や暴行がありますが、これは典型的なジェンダーに基づく暴力の一つです。女性であるというだけで標的とされるからです。そしてこれは理由としては同義反復で、単に性別を理由とした差別行為であるということができます。

ジェンダーに基づいた暴力の一側面として、「女性に対する暴力」という言葉もあります。ですが、「女性に対する暴力」と「ジェンダーに基づく暴力」とは同一のことではありません。例えば、104ページでも触れたように、1993年の「女性に対する暴力の撤廃に関する宣言」では女性に対する暴力を「公的生活で起こるか私的生活で起こるかを問わず、女性に対する身体的、性的若しくは心理的危害または苦痛（かかる行為の威嚇を含む）、強制または恣意的な自由の剝奪となる、または、なるおそれのあるもの」と定義しています。一方、「ジェンダーに基づく暴力」について欧州評議会が発行しているマニュアルではイスタンブール条約で使われることばを出発点として、次のように説明されています。「事実または認識されている性別、ジェンダー、性的指向、および／またはジェンダー・アイデンティティのために、個人またはグループに対して犯されるあらゆる種類の危害を指す」とあり、[*17] 女性に限らずあらゆる性的なあり方を理由として行われる暴力を指しています。「女性に対する暴力」は、女性が構造的、制度的、歴史的に劣位の性としてさまざまな差別を受ける中で、女性が狙われて暴力が発生することを指す概念であると言えるでしょう。

どちらも、その主な加害者は男性です。男性が振るう暴力についてはさまざまに議論されてきました。例えば、男らしさを証明するための資源として、男性と暴力の関係を説明することができます。[*18] 暴力が男らしさの資源になるというのは、男性としての強さを証明することができるからです。もちろん、社会的な地位や権力なども男らしさを見せつけることができるものの一つではありますが、それらを手にすることができない男性でも、暴力を用いることで男らしさを表現することができるのです。

女性と暴力性が結びつきづらいのは、私たちは暴力を男性的なものとして受け取るからです。誰かをボコボコに殴っている姿を見れば、その人が強いように見えますし、たとえ華奢《きやしや》な身体つきであってもそこに男らしさを感じてしまいます。男であるということの意味には、最終的には暴力で解決することができる、そしてその方法が大なり小なり認められているという理解が含まれていると思います。学校でも家庭でも男の子であれば暴力的な喧嘩をしても重大なこととは見なされませんし、むしろそのほうが男の子らしいと称揚されることもあります。男性であることは、自分の存在をアピールするのに暴力という方法を持っているということ、そしてそれが成り立つのは、そのように私たちも見ているからです。

では、「男性に対する暴力」についてはどうでしょうか。男性も、もちろん暴力の被害を受けます。

しかし、女性やマイノリティが社会的な差別構造の中で暴力の標的とされやすいこととは異なり、男性というカテゴリーを持っているからという理由で暴力の対象にはなりにくいと考えられます。とはいえ、男性として生きてきた人にはこれに反発を感じる人もいるでしょう。「もし自分が女だったらこのような喧嘩には巻き込まれなかったはずだ」「男だから殴られたんだ」という考えが浮かぶかもしれません。ですが、同じ状況で「女だったら殴られなかっただろう」というのは、女性が劣位で守るべき存在とされているためです。特定の状況を切り取れば、女性が得をしていると見えることはあるでしょうが、そのような瞬間だけを切り取ることは一連の差別的な状況を見落としています。

男性が振るわれる暴力については、男性内部の力学として捉えることができます。男性同士の力関係には、単なる身体的な力だけではなく、権力や地位などさまざまな要素があります。男性同士の力関係と考えれば、そこから排除されている女性や子どもがいることが分かります。そもそも男性同士の力関係に入らない、他者としての女性や子どもがいるということです。男性同士の力関係においては、単に女性に対する優越性だけではなく、男性同士の序列が問題となります。先に見た「女性化」や同性愛の問題というのは、男性たちの中で相対的に立場が弱いことを表しています。

このように考えると、男性というカテゴリーの持つ強力なジェンダー規範が、暴力において男性を加害者として表していくことを説明できます。男性が暴力の被害に遭っても、それが単なる内輪揉《も》めのようになってしまうと、男性同士の強さを競った争いでしかなくなります。結果として、男性間の暴力においては加害者になれる男性のほうが男らしいという世界観が作られ、その世界の中では男性の被害者は「敗者」ということになります。理想的な男性らしさを持っていることが、この争いの勝者になる可能性を担保するのです。

性暴力という問題において、男性は加害者として見られがちです。

私（宮﨑）が支援者や研究者に会って自己紹介するときに、「男性の性暴力被害者について研究しています」と伝えると、半分くらいは首を傾《かし》げて黙っているか、「男性が、受けるほうですか？」と聞かれることがあります。ある程度知識を持って関心を向けている人たちでもこういう反応なのですから、おそらく多くの人にとって男性というカテゴリーと性暴力は、加害者として結びつけられていると思います。常に加害者として見られる男性が被害者でもあると説明しなければならないことが、男性の性暴力被害の問題の一つでしょう。

加害者としての男性を常に否定しつつ、一方で男性の性暴力被害を説明するというのは、男性中心の世界観を否定することにもつながります。

私が加害者について性別に着目して書くのは、加害者が自身のジェンダーの見え方を利用しているのに対して、被害者はそうではないからです。女性だから狙われるというのは、加害者の思考や行動原理の説明であって、女性であること自体が被害を生み出しているのではないのです。そもそも、被害とは加害者がいなければ起きません。「女だから狙われた」のではなく、「女を狙う加害者がいる」のです。

5　女性加害者について

世間には「性暴力の加害者」＝「男性」という思い込みが今も根強くあります。しかし、実際には女性の加害者も存在します。前述したようにＮＨＫが２０２１年に行った男性の性暴力被害に関する調査[*19]では、加害者の性別のうち、16・４％は女性でした。

また、２０２０年に行われた一般社団法人Springの調査[*20]では、性別を問わない全５８

加害者の性別

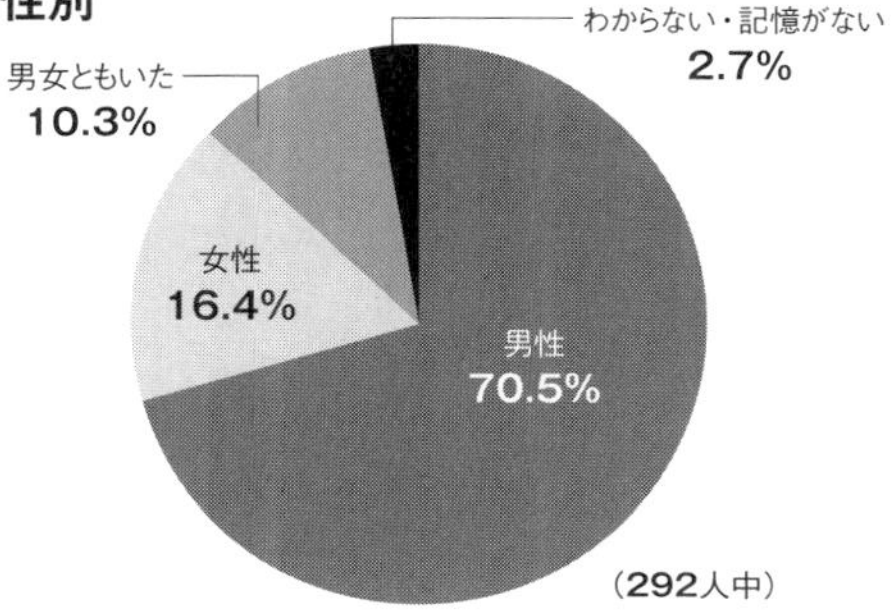

NHKみんなでプラス「性暴力を考える」vol.131「男性の性被害　292人実態調査アンケート結果」ウェブサイトより

99データの回答のうち、加害者が女性であるとの回答は67件、男女両方との回答は42件でした。

世界的にも、男性の性暴力被害についての認識はまだまだ低いと言わざるを得ませんが、アメリカやイギリスなど、海外のいくつかの国では男性の性暴力被害における女性加害者の詳しい調査がなされています。第2章でも書きましたが、例えば2002年にアメリカで行われた、18歳から24歳までの男性1400人を対象にした調査では、回答者のうち6・1％は女性から男性器の膣への挿入を強要されたと答えています。*21

どのような被害があるか

実際の行為としては、次のようなものが挙げられます。肛門に指や物を挿入される、同意もなく男性器やお尻を触られたり舐められたりする、自慰行為を強要される、無理やりキスをされたり抱きついたりされる、同意もなく服や下着を脱がされる……。このような女性が主体の行為に加え、「させられる」被害として、性行為を強要される、具体的には男性器を女性の膣や肛門に挿入させられる、同意もなく女性の陰部や乳房を触らされる、キスさせられる、というものもあります。不快に感じるような性的な言葉がけや性的誘惑も性暴力にあたります。

この中でも特に「させられる」被害は分かりにくく、潜在化していることが多いと考えられます。繰り返しになりますが、たとえ同意がなくても、男性器は物理的な刺激を受けると恐怖を感じるときでも勃起・射精します。例えば立場や関係性・状況のために相手の要求を断りづらいような中で、戸惑いながら、あるいは恐怖の中で男性器を触られたり舐められたりして勃起し、そのまま挿入させられるというケースが実際にあります。「勃起して挿入するのは自分もその気があったからじゃないか」と、周囲の人間は（時には被害者自身も）思いがちですが、勃起や射精は必ずしも意思に関係のない生理的な反応です。

女性の加害者による男性への性暴力は、想像するのが大変難しいと感じる読者も多いかと思います。前出の宮地は、『少年への性的虐待』[*22]の訳者解説の中で、作家の太宰治《だざいおさむ》の例や、芸人・政治家であった横山ノックが受けた女性からの性的虐待について詳細に論じています。横山ノックは大阪府知事時代に強制わいせつ罪で訴えられ、のちに有罪となりましたが、その彼は17歳のときに進駐軍の女性から性行為を強要されています。大変な恐怖を感じ、抵抗したら撃ち殺されるかもしれない、そうでなくても逆に強姦未遂で訴えられて死刑になるかもしれない、そう思って抵抗できなかったことを手記の中で書いています。[*23]「そんな恐怖の中でも、ちゃんと興奮してしまったのですから、男というものは情けないものです」と続くのですが、この「情けない」という言葉は、男性被害者の口からしばしば語られるものです。もちろん、この体験は彼ののちの罪を軽くするものでは断じてありませんが、男性被害者の心の内が率直に表現されている言葉のように思われます。

女性から性暴力を受けることの影響

性暴力における女性加害者の問題については社会的認知もまだまだ低く、日本でも系統だった調査はなされていませんが、カナダの研究者が行った興味深い調査[*24]があります。14

歳以下で女性から性暴力被害を受けた男女14名にインタビュー調査が行われていますが、被害の長期的影響として、薬物乱用、自傷行為、自殺念慮、自殺企図、うつ、激しい怒り、女性不信、女性との関係を築くことの困難、自己認識やアイデンティティ形成の困難、性行為への不快感、子どもを性的に虐待するかもしれないという恐怖、性加害行為が挙げられています。そして協力者14名のうち、13名までが「(女性による性的虐待は)とても有害であり、回復するのが難しい」と答えています。

社会の中には、男性の場合女性から性的に迫られても、無害である、あるいはむしろラッキーなことだとする先入観がありますが、調査で明らかになったのは、それとは全く違っており、男性が加害者である場合と同様に大変破壊的なものである、ということです。

また、この調査は性的虐待を対象にしていますが、成人男性が女性から受ける被害もあります。アメリカ人研究者のスミスらは、2021年にアメリカで成人男性を対象にした調査[*25]を行っており、加害者の性別は問わない、自らのペニスを「挿入させられる」被害についてまとめています。成人であっても、女性から挿入させられる被害は存在し、そのことで仕事や学校を休んだり、PTSD症状が出たりと、深刻な影響があることが分かっています。

ジェンダーバイアスと社会的否認

また、先のカナダの調査の中で、男性と女性両方のベビーシッターから性的虐待を受けた女性は、「女性にされた虐待にはより大きく裏切られた気持ちになった」と話しています。その背景には「女性は子どもを守り育むもの」という思いがあるのかもしれません。また、加害者が母親の場合、被害者は「母親のケアを勘違いしたのだろう」と言われることもあります。被害当事者にとって、そのように言われることは、必死に訴えた自分自身を否定されることになり、二次被害であると言えますが、男性が加害者である場合とは二次被害の様相も異なってきます。

一言に女性といえども、さまざまな性格や特性があるはずです。しかし、「女性は誰かを優しく守るもの」「女性は性的に能動的ではない」「女性は攻撃的ではない」といった、ジェンダーバイアス（性別役割についての固定的な思い込みや偏見）のために、女性の加害行為は否認されたり、矮小化されたりしがちです。横山ノックの場合もそうでしたが、もし男性が被害について声を上げたいと思っても、女性が「男性のほうこそ自分に嫌なことをした」と訴えれば、人は容易に女性の訴えを信じるだろうという恐怖もあると思います。

また、「男性は性的に旺盛だ」という思い込みもあり、加害女性も「させてあげている」と思い込んでいることもあるかもしれません。文化人類学でも明らかになっているように、「筆おろし」として少年が年長の女性と半ば無理やり初めての性行為をさせられることが社会的に認められていた時代もあります（ただしこれについては真の主体は当人どちらでもなく、双方が傷ついていた可能性もあります）。しかし、そのような思い込みは大変危険なもので、何度も繰り返しますが、破壊的な結果をもたらす可能性があります。

ここまで読み進めて、「女性のほうが多くの被害に遭っているのに」と思われる方もおられると思います。確かに、暗数も多いとはいえ、男性から女性に対しての性暴力被害の報告のほうがずっと多く、いまだに「合意があったんじゃないの」「あなたにも隙があったのでは」などと疑われ、二次被害もまだまだ多い状況です。ジェンダーバイアスから、女性を軽んじ、性的に利用しようとする男性もいます。そのような行為は女性のその後の人生を大きく損なう可能性があり、到底許されるものではありません。そのような状況の中、女性加害者の存在を認めることは、ひょっとしたら、長年の訴えの末ようやく注目されてきた女性への性暴力根絶の動きに水を差すものと思われるかもしれません。

しかし、女性加害者の存在を認めないことは、ジェンダーバイアスを強化することにもつながると思います。実際には「性的に能動的な女性もいる」「女性も主体的に行動する」「女性も攻撃性を持っている」というのが現実なのではないでしょうか。いまだ社会にはびこる「男らしさ」「女らしさ」の考え方が性的マイノリティを含むすべての人に及ぼす影響を今一度見つめなおし、被害の実態をそのまま直視することが、私たちに求められていると思います。そして、女性加害者による男性への性暴力を、否認したり矮小化したりせず、被害当事者が被害を認めることで、次への一歩を選べる環境を整えていく必要があります。

第4章　生き延びる過程——回復と支援

ここまで、男性の性暴力被害についての実態や被害後の影響、社会においていかに否認されているかなどについて書いてきました。男性の性暴力被害にまつわる神話の一つ、「男性は被害を受けても大した影響はない、傷つくことはない」というのは現実とは全く違うということが、お分かりいただけたのではないでしょうか。男性の性暴力被害は、女性が性暴力被害に遭うのとは異なる社会的文脈で起き、また、身体的特性も女性と異なるため、影響のあり方も異なります。セクシュアリティの混乱など、男性特有の困難もあります（ただし、女性でも女性の加害者から性暴力を受けた場合は、セクシュアリティの混乱を招くと言われています）。特に幼い頃や思春期に被害を受けた人は、長年にわたって苦しみを抱えているかもしれません。怒りや孤独感、消えない恐怖、自己嫌悪や恥の感情、このまま生き続けられるのか等々、今も苦しみの真っただ中にいるという方もおられるのではないかと思います。

私（西岡）は研究者として男性の性暴力被害者の方にお話を伺い、心理士やワンストップ支援センターの支援員として男性被害者の方に関わっています。その関わりの中で、彼らの内なる力に大変勇気づけられたり、一筋縄ではいかないその後のプロセスを苦しい思いをしながらも生き続けておられることに、畏敬の念を抱いたりしてきました。具体的な例を示すことは、プライバシー保護の観点からできませんが、「その後を生きる」という点について、私自身が関わる中で理解したことや、これまでの研究で明らかになっていることを中心に述べていきたいと思います。

また、家族や友人など身近な男性が性暴力に遭うこともあります。被害を打ち明けられた時、あるいは被害に遭っている（かもしれない）ことを知った時、どうしたらいいのか戸惑ってしまう方もいるかもしれません。ワンストップ支援センターや学校、医療機関や警察といった公的機関は男性の性暴力被害の重要な相談先ですが、支援をする際にどのようなことを心に留めておくべきでしょうか。

この章では、まずは被害当事者の方の「その後を生きる」ということについて書き、それから身近な人の関わり方、最後に支援者の伴走の仕方について触れたいと思います。

1　被害当事者の方へ

傷と共に生きる

2021年6月、NHKが「クローズアップ現代」という番組で、男性の性暴力被害についての特集を放送しました。その中で、出演者の一人は、10代の頃に性暴力に遭ったことを明かしました。アナウンサーから「(その後)ご自身の被害とどう向き合ってこられたのか、あるいは向き合えなかったのか」という質問に対して、「向き合うということばで表現するのは、とても難しい」と答えていました。被害直後は、自分が何をされたのかということが理解できず、高校生になって性の知識を得てからどんな目に遭ったのかが理解できるようになった、けれどそれをどう解釈していいか分からず、身の上話の経験談として仲間に面白おかしく話していた、ただその語りも自分には全くしっくりこず、ようやく最近になって「性暴力」という言葉がメディアでも取り上げられるようになり、自分の体験にも当てはめようと考えた、ということでした。

男性の場合、女性以上に自分の身の上に起こったことが何なのかを定義することが難しい場合があります。彼は、自身の被害は「重度なトラウマにはつながっていない」と言っていますが、中には長期にわたって「その出来事」の余波に生きることを余儀なくされる人もいます。〝回復〟という言葉には、もとの状態に戻るという意味がありますが、特に性的虐待の被害者の方の中には「〝もとの正常な状態〟がそもそも分からない」と言う人もいます。ですのであまり容易に〝回復〟という言葉を用いないほうがよいとも考えますが、性的虐待を受けた男性のカウンセリングを長年行ってきたマイク・ルー[*1]は、著書の中で「回復は可能だ（Recovery is possible）」とはっきり言っていることも紹介しておきます。

「その後を生きる」ことについて、一つ言えるのは、必ずしも直線的なプロセスを辿《たど》るわけではない、ということです。すなわち、被害に遭い、いずれかの時点でそれを「性暴力」だと認識し、そこからその被害にどう向き合っていくか、どう自身を癒やしていくか、というプロセスを直線的に辿る場合は少なく、むしろ「それ」が何か分からない、どう位置付けていいのか分からない中で、無心になれる時間を見つけたり、ありのままの自分でいられる空間を見つけたり、気持ちを切り替えられるものや環境、人との関わりを発見したりする人が多い印象があります（ただ、ひょっとしたら男性の性暴力被害がもっと社会に認知され、起こったことを「被害」として認識しやすくなれば、事情も変わってくるかもしれませんが）。そのような試行錯誤や自分をほっとさせてくれる何かとの出会いについて、以下に記したいと思います。

自然や生き物に触れる

海を見たり、風や陽光を感じたりしながら海辺を歩くこと。山や森の中に入り、植物や土の呼吸を感じること。鳥や虫などの他の生き物の存在に触れること。川や滝、湖などの水辺で、水の流れや存在を感じること。

性暴力被害は他人による境界への深刻な侵入であるため、程度こそさまざまですが、人と接することを苦痛に感じる被害当事者は多いと思います。ちょっと触れられるだけでもすごく怖い思いをしたり怒りが湧いたりします。気持ちの部分で、他人から何か決めつけられたり不意に深く入ってこられたりすることに耐えられない思いを抱くことがあります。

また、男性の性暴力被害の存在が世の中に知られていないこともあり、勇気を出して伝えても「逃げられたんじゃないか？」などと疑われる二次被害を受けることもあります。そのような状況の中でも、自然や生き物の前では自分を否定する必要もなく、自分のままでいいという感覚を得られるようです。いわば、自分の存在そのものを受容してくれる、と言えるかもしれません。

本を読む・知識に触れる

男性の性暴力被害についての書籍は残念ながらまだほとんどないというのが実情ですが、被害当事者の中には、女性の性暴力被害当事者の方が書いた著作（例えば山本潤さんの『13歳、「私」をなくした私』[*2]、伊藤詩織さんの『Black Box』[*3]など）を読んだり、ネット記事やX（旧Twitter）で性暴力被害や性的合意についての記事を読んだりして、自身が抱える混乱や漠然とした怒りや泣きたくなる気持ちは特別なものではないことや、性的な侵入は深刻なダメージを与え得ることを知ってほっとし、少し気持ちの整理ができたと語る人もいます。

自分の身の上に起こったことが何かを定義できないのは、大変苦しいことです。体験と自身が一体になっている状態から、「それ」を表す言葉に出会うことで、「それ」の形が見え、少し距離を取ることができるようになります。また、「それ」や似たようなことを体験しているのは世界に自分一人だけではないことを知ると、孤独感が薄まります。もちろん内容や読む人の状態によっては自身の体験が甦り、より苦しさが増す場合もあるので、すべての人に手放しで勧められるわけではありませんが、このような形での整理の仕方もあります。

また、性暴力被害やそれに関連する内容ではなくても、先人の言葉に触れたり、さまざまな他者の生き方を知ったりすることで、自身が肯定される気持ちを抱くことができ、一歩を踏み出す力を得たという人もいます。

セルフケアについて

セルフケアというのは、自身のつらさや苦しさを認めて行う、自分をいたわる試みと言えるでしょう。苦しみ、もがく中で出会う、生き延びるための試みは、サバイバル法ということができるかもしれません。[*4] これら二つは重なるところもあると思いますが、行う側の意識の違いのようなものがあると思います。

傷つきを抱える自分をケアする方法を、以下にいくつか挙げてみます。

- 呼吸を整える。深呼吸するときは、ゆっくり長く息を吐き、自然に入る分だけ息を吸う。
- 体を動かす。家から出にくい人は、家の中で足踏みする、など簡単なことでもＯＫ。
- 温かい飲み物を飲む。
- 自分がほっとする場所にいる／行く。家の中、コンビニ、車の中など。
- 意識してこまめに休憩をとる。
- 寝転ぶ、寝る。
- 気持ちや思ったことを書き出してみる。
- 絵を描いてみる。
- 音楽を聴く。
- 気心の知れた人と話す。

思いついたものを挙げてみましたが、他にもたくさんあると思います。基本的には、自分が心地よいと感じることを行う、ということかと思います。セルフケアは決して〝逃げ〟ではありません。自身をいたわることは、自身に対する大事な責任です。

また、自分の身体のサインに耳を傾けてみるのもよいかもしれません。特に男性は「感情を出すな、感情的になるな」と周囲や社会から暗黙の裡に、あるいははっきりと言葉で求められてきたところがあると思います。そのため、自分が今どんなことを感じているのか分からないという人もいるかもしれません。そのようなとき、肩が凝る、頭痛がする、腕が重い、声を出しにくい感じがする、などの身体の違和感も、ひょっとしたら自分が無理に押さえつけている直視しにくい感情とつながっているのかもしれません。少し立ち止まって、身体を休めつつ、自身の気持ちを振り返るのもよいと思います。

自分を傷つけるサバイバル法

「セルフケア」と「サバイバル法」という二つの分け方をしましたが、サバイバル法も、とにかく苦しい中で、何とか今を生きるために必要なものだと思います。ただ、そのサバイバル法の中には、自分や他者を傷つけるものがあります。飲酒、喫煙、オンラインゲーム、競馬やパチンコといったギャンブルなどについては、程度次第では自身をさらに傷つけ、身体やこころ、人との関係性や社会性に大きなダメージを与えることがあるので、慎重になったほうがよいと思います。

「依存」という言葉がありますが、被害当事者の中には「依存」によって苦しい今を生き延びている人もいます。依存の対象には上記のアルコールやギャンブルの他、仕事、買い物、セックス、薬物、暴力、インターネットなどさまざまなものがあります。そのような方法でしか今をしのぐことができない、それにすがらなければ自分が壊れてしまうようなギリギリの状態でとられる方法であるとも思いますが、楽になるのは一時的なもので、長期的に見ればダメージのほうが大きいです。

もしそのような状態に陥っていたら、自分や自分の大切な人々へのダメージを少なくするため、専門家への相談やグループワークへの参加を考えてみてもよいかもしれません（依存であると分かっていても、依存したくなる衝動や、そのおおもとにある苦しみと共に生きていくのはとても大変なことなのですが、これについては他書に譲りたいと思います）。

人との関係に分け入る

ここまでは、主に生身の人間以外のものとの出会いや交流について書きましたが、他の人とのつながりについて考えてみたいと思います。「自然や生き物に触れる」の項でも書いた通り、性暴力被害は人から人にもたらされるものであるため、被害当事者にとって「人」は自分を傷つける恐ろしい存在であるように感じられるかもしれません。それは当然のことだと思います。『心的外傷と回復』[*5]を記したハーマンも、「レイプの本質は個人を身体的、心理的、社会的に犯すこと」で、被害者を「全く孤立無援状態にしてしまう」と述べています。ハーマンは「レイプ」を男性から女性への挿入を伴う強制的な性行為という意味で使っていますが、これは挿入を伴わないものも含め、男性に向けられるあらゆる性暴力にも当てはまると思います。

ハーマンは、同書の中で回復についても語っており、それによると、まずは「安全の段階」（安全を確立し、力になろうとする人との間に信頼関係を築く段階）、次に「想起と服喪追悼の段階」（トラウマ記憶に向き合い、喪《うしな》ったものを受け入れていく段階）、最後に「再結合」（周囲の人や社会、自分自身とのつながりを取り戻す段階）があると述べています。もっとも、これらは本来複雑な渦を巻いている過程にあって、このように単純に整理されるわけではない、とも述べています。

孤立の意味

前出のマイク・ルーは、男性の性的虐待サバイバー[*6]にとって孤立状態から抜け出すことは大変な労力を要する、しかし回復の重要な要素であると述べています（性的虐待の被害のあり方と、例えば成人になってからの一回限りの被害のあり方は異なりますが、その後を生き延びるという点では重なる部分もあると考えます）。

彼は、性的虐待サバイバーにとっての孤立の意味として、以下の六つを挙げています。すなわち、①虐待の前提条件だったこと、②（加害者にとって）秘密を守る手段だったこと、③（サバイバーにとって）生き延びる戦略だったこと、④回復の妨げであること、⑤緊張を減じる方法になること、⑥エネルギーを要する回復の作業からの逃げ場になることで

被害について誰かに相談したか

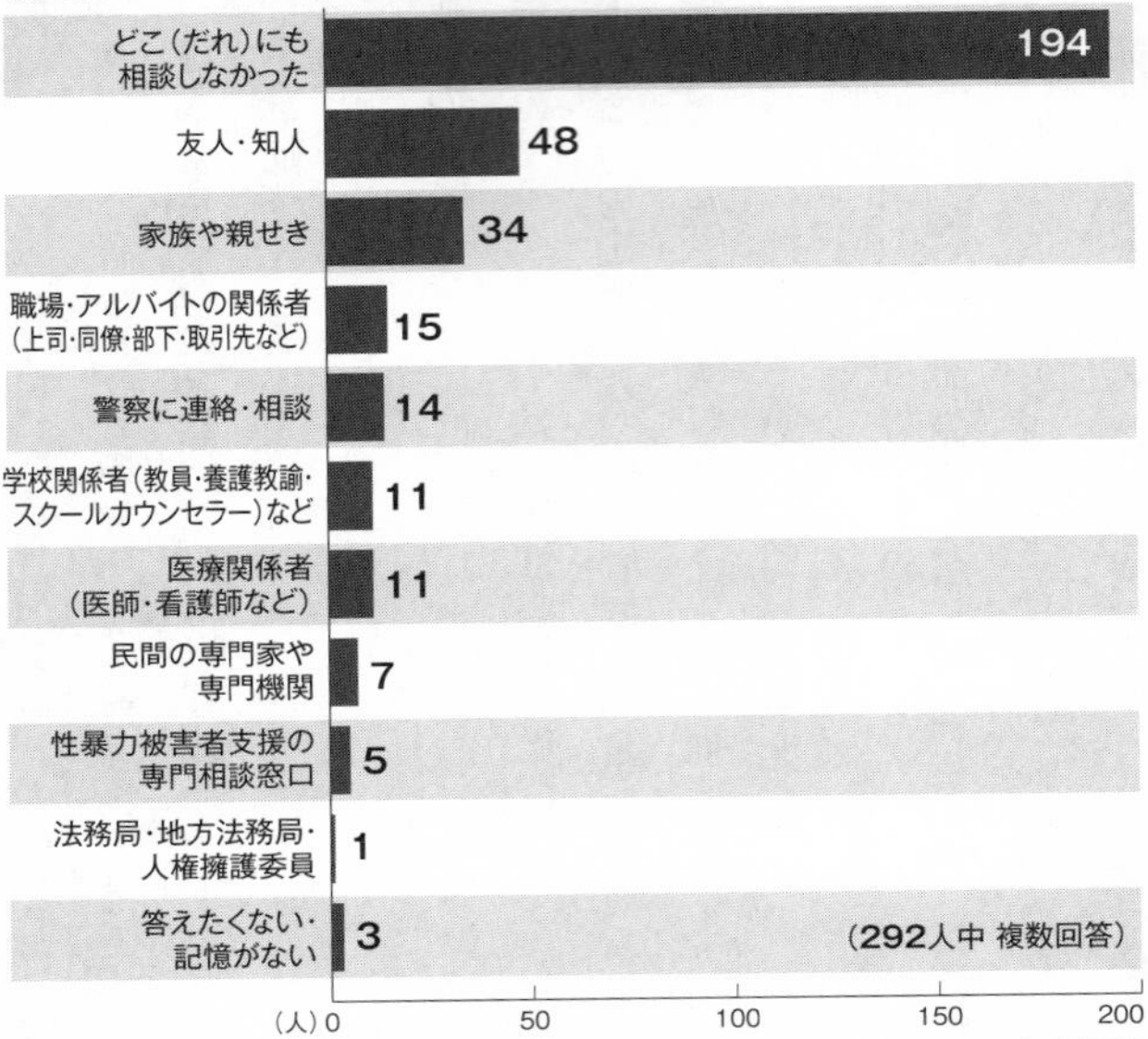

NHKみんなでプラス「性暴力を考える」vol.131「男性の性被害　292人実態調査アンケート結果」ウェブサイトより

す。これを見ても分かる通り、孤立は虐待状況を生き延びるために必要な戦略でもあり、ある意味でサバイバーを守るものでもあったのです。ただ孤立を続けることは、ずっと一人で「それ」や〝秘密〟を抱え続けることにもつながり、回復の妨げにもなります。

　では、被害に遭った人はどのような人や場所につながるのでしょうか。前出のNHKのウェブサイトで紹介されたデータによると、292人の男性性暴力被害者のうち、友人・知人に相談した人が48人、家族や親せきに相談した人が34人、職場・アルバイトの関係者が15人、警察が14人、学校関係者が11人、医療関係者が11人、民間の専門家や専門機関が7人、性暴力被害者支援の専門相談窓口が5人、法務局・地方法務局・人権擁護委員が1人、答えたくない・記憶がないと答えた人が3人でした（複数回答）。

一方で、「どこ（だれ）にも相談しなかった」と答えた人が66・4％にのぼることも心に留めておかなければいけないと思います。

関係性を作り上げる

男性の性的虐待サバイバーについては、アメリカの研究者が他者との関係性の構築と回復過程について興味深い調査を行っています。[*7] その回復過程が、性的虐待サバイバーだけではなく、成人になってからの被害当事者にも当てはまるところがあると思うので、紹介します。この調査では、どのようにして男性の性的虐待サバイバーが他者と長期的なつながりを作ろうとし、その関係性の中で感情を表現して、親密さを紡いでいくのか、というテーマで16人のサバイバーにインタビューが行われています。ここで言う「他者」とは、非加害親や兄弟姉妹、祖父母、友人、パートナーなどです。

その結果、サバイバーは、幼少期に性的虐待という人を信じられなくなるようなことに直面したにもかかわらず、以下のような方法で他者と関係を作り上げる方法を見つけていました。

①ペットや子ども、安心できる大人などの、他者との安全な関係を見つける。
②全く同じでなくとも何かしらの暴力や逆境を経験した他者と経験を分かち合う。また、助けを必要としている人を助けることで他者とつながりを感じる。
③自分と人との境界の設定や怒りのコントロール、信頼の構築や親密さの育成などの関係をうまく作って保つ方法を獲得する。
④自分自身の限界も含めて他者との関係性の限界を受け入れる。

境界について

この中でも、特に③について説明を加えたいと思います。社会には、家と家との境、県境や国境など、物理的にさまざまな境目が存在しています。境目が存在することで、ここは自分の空間であると認識できて、その中での自由が保障されます（もちろん、自由だからといって何をしてもいいというわけではありません）。境目を越えるときは、「入ってもいいですか」という意思表示を行い、許可を得てから入るのが普通です。

身体やこころについても同じです。ここまでは触られてもいい、ここは絶対触られたくない、という場所があると思います。それは相手や時によっても異なるでしょう。安心できる友人であればすぐ隣に座ってもOKだけれど、知らない人であれば1mくらいは離れていたいなど、人によって許せる距離というのはさまざまです。また、こころにも目に見えない境目があります。いくら親しいからといって、あるいはいくら家族だからといって、何をされてもいい、何を言われてもいいというわけでは決してありません。逆もまた然《しか》りかと思います。このように、一人ひとりに「ここまでなら大丈夫、これ以上は嫌」という一線があり、それを「境界」と呼びます。一人ひとりの境界は、どんな関係性においても尊重されなければいけない、大切なものです。

性暴力は、人の境界を暴力的に踏みにじり、侵入するもので、された側の尊厳を打ち砕く卑劣な行為です。境界を越えて暴力的に侵入されたことで、しばらくは〝外側〟が怖くて自身の境界が分厚く硬いものになるかもしれません。あるいは、自分と人との間にある境界を感じることができず、他の人を思い通りにしようとしたり、逆に、他の人から嫌なことを言われたり暴力を振るわれても、「自分にも原因がある、自分などどうでもいい存在」と考えて自分を守れないことがあるかもしれません。そのようなことでなくとも、身近な人が自分の気持ちと違う思いを持っていて、そのことで自分の気持ちを言い出しにくいことがあるかもしれません。そのようなときは、まずは人と少し離れて、自分と他の人の思いや考え、状況の違いに思いをめぐらせてみてもよいでしょう。

そもそも現実的には、自分の思いと他の人の思いがぴったり一致することのほうがずっと少ないのではないかと思います。思いや考えが違うとき、誰にでも自分を大切にする権利があります。同時に、自分の思いを伝えるとき、過度に相手を傷つけない配慮もいるでしょう。他の人との関係を完全に絶って生活すれば、自分も他の人も傷つけないかもしれませんが、現実には別の不都合や困難を生みます。そう考えると、自分も他の人も大切にするような自己表現を身につけることも有効かもしれません。[*8]

また、これに関して、自分の中の怒りをどうしたらよいのかと悩む被害当事者が多い印象も持っています。怒りが強すぎて、暴発して他の人を傷つけてしまうのではないか、と悩む人や、確かに自分の中にそういった感情があるのは分かるけれども、ひとたび感じてしまうと収拾がつかなくなるのではないかと思って感じないようにしている人もいます。

性暴力を受けた人が怒りを感じるのは当然のことです。ただ、自分の中の「怒り」が強すぎたり、逆に抑えたりする中で、怒りの方向性が直接関係のない他者や自分に向かうことがあります。自分に向かうと、自分を責めて自分を傷つけるような行為につながることがあり、自分を損ねてしまう恐れがあります。他者に向かう場合、特に家族やパートナー、友人や同僚などの身近な人に強い攻撃性が向いてしまうことがあります。「境界」の意識が曖昧になると、自分が他者を傷つけてしまう恐れがあるのです。

勇気のいることでもあると思いますが、そもそも誰に向かって、どのようなことに対して怒っているのか、自らの怒りの方向性や中身を見つめることも、大事なことのように思います。どうしても怒りを感じるときは、枕を殴る、枕やぬいぐるみを口に当てて叫ぶ、外に出て走るなど、人を傷つけない方法で発散するのも一つの方法でしょう。カウンセラーなど専門家に話してみるのもよい方法だと思います。

パートナーとのセックス

性暴力を受けると、パートナーとのセックスをしにくいと感じるようになる被害当事者も多くいます。成人になってからの被害だと、それまで抵抗なくセックスをすることができていたのに、被害の後とたんに他の人に肌を触れられることが怖くなったり嫌になったりすることがあります。また、幼少期の被害やパートナーと出会う前の被害だと、性行為自体をとてもできないと感じて嫌悪感を抱きながらも、被害のことをパートナーに伝えることができずに思い悩んでいる人もいます。性暴力に遭った後、勃起や射精に困難を抱いている人もいます。

セックスというのは、暴力的な文脈で行われたものでなければ、パートナーとの親密さを深め合う素晴らしいものでもあります。しかし、セックスは絶対的なものではありません。愛を確かめ合う方法は他にもたくさんあります。自分が「無理だ」と感じるときに無理にセックスをする必要はありませんし、性行為をできない自分を責めたり、恥じたりする必要も全くありません。

「パートナーに伝えるかどうか、伝えるとすればどう伝えるかということについて、「こうしたほうがいい」と言える答えはありません。それは被害当事者の方の思いや、パートナーとの関係性によると思います。伝えるとしても「今は言いにくいけどとてもつらいことがあって、それでこういうことをするのが難しい」という説明でもよいかもしれません。いずれにしても、被害当事者の方の思いとタイミングを大事にできたらよいのではないでしょうか。

ワンストップ支援センター、自助グループ、カウンセリング

男性の性暴力被害者が援助や参加を求める先として、性暴力被害者のためのワンストップ支援センターや自助グループ、カウンセリングなどが挙げられます。現在、すべての都道府県にワンストップ支援センターが設置されており、ほとんどのセンターが、男性の被害者も受け付けています。

一般的には、ワンストップ支援センターは、まず相談員が相談者の話を聞き、必要や希望に応じて病院の紹介や同行支援、警察への同行支援、カウンセリングや法律相談の調整をします。被害者が一ヵ所に相談するだけでさまざまなサービスや機関につながることができるようになっています。センターによって、男性相談員が対応できるところ、泌尿器科や外科などとの連携があるところ、男性の被害についての研修を行っているところなどがあり、対応は必ずしも同じではありませんが、男性の性暴力被害についての認知が広がっていくにつれ、相談の間口も徐々に広がっている印象があります（詳しくは巻末のワンストップ支援センター一覧をご覧ください）。

中には、そういうところがあるのは知っているけど、被害のことをどう話したらいいのか分からない、という人もいると思います。もちろん被害の内容はさまざまですので、話し方も被害の数だけ、被害者の数だけあります。基本的には、話しやすいところから話せばよいと思いますが、例えば「性的に嫌なことをされたので相談したい」「性に関することで被害に遭ったので相談したい」「性暴力に遭ったと思うけど、どうしたらいいか分からない」などの切り出し方はどうでしょうか。自分が体験したことが、性暴力被害にあたるのかどうか分からなくても、まずは相談されるとよいでしょう。

また、その他に自助グループへの参加や、個人でカウンセリングや治療を受ける方法もあります。男性の性暴力被害当事者のための自助グループは、まだ日本ではかなり数が限られていますが、似たような体験をした人同士の語り合いの中で、そのような体験をしたのは自分一人ではないことが体感できたり、性暴力に遭いながらも生き延びている当事者の話を聞けたり、自分の体験や思いを安心して語れたりと、自分を肯定し心を開いていける場となり得ると思います。

カウンセリングでは、安心できる環境や関係性のもと、カウンセラーと共に自分の身の上に起こったことを見つめ、整理し、自分本来の力を取り戻したり、発揮しやすくしたりするプロセスを歩んでいきます。また、現在は性暴力被害によるトラウマに対する治療法として、ＰＥ（Prolonged Exposure　持続エクスポージャー）療法、ＥＭＤＲ（Eye Movement Desensitization and Reprocessing　眼球運動による脱感作と再処理法）などがあります。ＰＥ療法は、安全な場でトラウマ記憶を思い出し語ってもらうことで、記憶は過去のことであり、現在の自分は大丈夫と思えるようになることを目指す技法です。トラウマ記憶を思い出すのは恐怖を伴うため、治療の機序について説明したり、性暴力被害者に起きやすい心理的状態について説明したりして、安全で安心できる環境や関係性を作りながら行われます。ＥＭＤＲは、トラウマ記憶にまつわるイメージや感情、感覚を思い浮かべながら、治療者の指の動きを目で追うことで、自分を苦しめないような記憶の捉え方への変容を目指すものです。

どのような支援を求めるにしても、最初は緊張すると思いますが、自分自身のために自分の感覚や思いに蓋をすることなく、分からないことは相手に率直に尋ねたり口にしたりしてプロセスを進まれるとよいかと思います。専門家は専門的な知識を持っていますが、被害当事者が自分の生を生きることができるようになるための伴走者で、対等な存在です。

2　身近にいる方々へ

もしも男性の友人が、子どもが、パートナーが、教え子が性暴力に遭ったことを本人からあるいは間接的に聞いたら、多くの人はショックを受けたり、信じられない気持ちになったりするかもしれません。特に自分の子どもが性暴力に遭うと、ショックや加害者に対する怒り、子どもの気持ちを慮《おもんぱか》ってのつらさに加え、子どもを守れなかったという自責感や情けなさなど、さまざまな感情が渦巻くことと思います。性暴力は、身近な人も傷つけます。被害者が成人でもそのように言えると思いますが、特に子どもであった場合、被害者の保護者や兄弟姉妹、友人や交際相手などは「間接的な被害者」とも呼ばれています。[*9]

例えば保護者であれば、本人のサポート役やケアする役割を求められたり、求められているように感じたりすることもしばしばかと思います。自分自身も混乱し、ショックを受けている中で、子どものサポートやケアを行うのは並大抵のことではないでしょう。

また、男児の被害については、「男の子」の性は「女の子」の性よりも軽んじられている風潮があるため、場合によっては家族の中でも被害の捉え方に違いが生まれるかもしれません。例えば、男児が同級生の男の子数人によって無理やり下着を下ろされるということが起きた場合、母親は深刻ないじめ（性的いじめと捉えるかどうかは別としても）と捉えるけれど、父親は「よくある男の子同士のじゃれ合いだ」、場合によっては、「自分で何とか立ち向かえるような強さを持てるようにならないと」とまで思ってしまうかもしれません。

ここには、社会が期待する「男らしさ」や、「男らしさ」を無条件に肯定して仲間内で盛り上がるのをよしとする価値観の肯定があるようにも思われます。もちろん、ここに書いたような母親と父親の考えが入れ替わることも十分にあり得ます。そのような考え方の違いから、家族の中にひずみが生じることもあります。

いずれにしても、性暴力被害は、当事者はもちろんのこと、周囲にもさまざまな影響をもたらします。この節では、被害者の傍《そば》にいる人はどのようなことを感じやすく、被害者と共にどのようにあることができるのか、ということを考えていきたいと思います。

打ち明けられたとき

これまでも書いてきた通り、男性の性暴力被害者自身が自分の体験を性暴力だと定義し、人に話したり助けを求めたりするのは大変ハードルの高い行為です。たとえ被害者自身が性暴力だと感じられたとしても、「男性である自分が被害を受けたと言っても、信じてもらえるだろうか」「どうして逃げられなかったのかなど、さらに傷つくようなことを言われないだろうか」、あるいはもし被害者が異性愛者であった場合は「同性愛者だと思われないだろうか」という疑問が拭えず、苦しくても誰にも言えない、ということが起こりやすいように思います（同性愛者と見られることを恐れるのは、社会に同性愛に対する偏見があるからで、そのこと自体がまた同性愛者の人々の生きづらさを作り出しています）。

男性が性暴力被害を打ち明けるというのは、いわゆる「男らしさ」に逆行するような行為でもあると考えられます。打ち明けるという行為は、被害のショックに加えてそのようなためらいや葛藤を乗り越えた末に可能になることです。打ち明ける人は、「この人だったら、聞いてくれるかもしれない」と、聞いてくれる人を信じて打ち明けているでしょう。ですので、打ち明けられた人は、まずはしっかり聞き、話されたことを信じ、いったん話が終わったら「教えてくれてありがとう」「本当に大変なことだったね」など、打ち明けてくれたことや信じてもらえたことへの感謝を伝え、相手に心を寄せていることが伝わるような言葉がけをするのが肝要かと思います。

被害者を責めない

また、被害当事者がさまざまな理由で自分を責めることがあります。例えば、「どうして自分は嫌だと言えなかったのか」「どうしてあの場面で抵抗できなかったのか」「身体が反応してしまったのは、自分も望んでいたのかもしれない」等々、自分の中でぐるぐるとそのような考えがめぐり、自分のつらさを率直に伝えにくく、誰かに話したとしても、そのような考えに囚われ続けることもあります。ここまで何度も書いてきたことですが、性暴力の責任は加害者にあります。しかし被害者にとってあまりにも受け入れがたい出来事であるがゆえに、何とか自分の力でどうにかできなかったものか、後から何度も何度も考えることがあります。

そのように考えることは、自分自身の物事に対するコントロールを確かめることでもあるように思います。被害を聞いた側もその事実を受け入れがたく、手っ取り早く何が悪かったのかを定めることで無意識のうちに予測可能な日常に戻ろうと、被害者の落ち度を責める人もいます。特に被害者が男性であれば、なおさらその傾向があるかもしれません。

しかし、被害当事者は、打ち明けるまで、おそらく100回も200回もそのことを考えたと思います。その上さらに周囲の人から責められるのは、血の止まらない傷口に塩を塗られるような状況です。このことは、セカンドレイプや二次被害とも呼ばれますが、被害者によっては、被害そのものよりも二次被害のほうがつらかった、という人もいます。どのような状況にせよ、同意のない・対等な関係ではない中で性的な行為を強要するのは、性暴力であり、それを意図的に行った加害者に責任があります。ですので、被害のことを打ち明けられたときは、決して被害者を責めず、「あなたは悪くない」と伝えることが大事なのではないかと考えます。

ただ耳を傾ける

一方、身近な人の被害の事実を聞くことは、とてもエネルギーの要ることでもあります。その事実に圧倒され、聞いた人が打ちひしがれる思いを持ったり、傷つき混乱している友人や子ども、パートナーなどを目の前にして、ただただ「ああ」という嘆息しか出せないかもしれません。それでも、身近な人から責められず、否定されずに、ただ聞いてもらう、信じてもらう、ということが被害当事者に与える力は計り知れないものがあると思います。

被害の事実を聞くと、場合によっては被害当事者以上に加害者に対して怒りや処罰感情を抱いたり、何か行動を起こさずにはいられない気持ちになったりすることもあると思います。打ち明けられる＝自分に解決を求められている、と思う人もいるかもしれません。しかし、被害当事者にとって、誰かに被害を打ち明ける動機はさまざまです。もちろん警察に訴えたい、という人もいるでしょうが、自分の気持ちをどうにも持て余して、ただ吐き出したいという人もいるでしょう。男性の被害者は、女性の被害者以上に孤独を感じている可能性があります。そのような意味では、あまり力みすぎず、気負わずに聞くということが大切でしょう。被害当事者として、身近な人が「何か力になりたい」と思ってくれていること自体がとても心強いことでもあると思います。

しかし、聞く側の気持ちが強すぎて、被害当事者の思いを置き去りにして突っ走ってしまうと、被害当事者の意思を踏み越え、第二の「侵襲」になってしまう危険性があります。何かをする／しないについては、時間がかかっても、まずは被害者本人の意思や選択を第一に考える必要があります。

被害の語りにくさ

当事者が自らの被害について語る際、話自体にまとまりがなく分かりにくかったり、何度も同じことを繰り返したりすることがあります。これは、決して聞き手のことを考えていないわけではなく、ましてや被害そのものの存在が疑わしいということではありません。

前出の宮地は著書『トラウマ』の中で、「語られにくいトラウマ」について論じています。

1内容が重すぎるもの
2私的・親密的な領域のことがら
3セクシュアリティ（性）に関わること
4「あたりまえ」として日常化されていること
5養育者やケア提供者、「お世話になった人」からの被害
6所属集団内での被害
7マイノリティ集団内での被害
8共犯性や加害者性、犯罪性を帯びるもの
9共感を得られない、叱責・非難されると思うもの

10偏見やスティグマ（註：負の烙印《らくいん》・イメージのこと）がもたらされるようなもの

例えば、男子生徒が部活内で指導者からレイプ被害に遭ったとすれば、1、2、3、5、6、9、10と、多くの項目が当てはまります。指導者が普段の「指導」で暴言をよく吐いていたり暴力的であったりした場合（これは「指導」ではなくパワハラでしょうが）、4も被害と密接に関係があると考えられます。8について言えば、例えば男児が被害を受けた後、「これはいけないことだから、秘密にしておかなければだめだよ」など、加害者から共犯性を植え付けられたり、同意もなく性器を触られたのに勃起や射精などの生理的反応があったために「自分も気持ちよかった」と、身体の反応のみから共犯性を感じてしまったりすることが挙げられると思います。

このように、男性の性暴力被害は、トラウマという枠組みの中で見ても、語られにくい要素がとても多いものです。それゆえ語ること自体に困難を伴い、もし語ることができたとしても、自身の中に渦巻くさまざまな葛藤から語りが混沌《こんとん》としていたり、何度も同じ話をしたりということが起こります（このことで共犯性を感じる必要は全くないことについて、詳しくは本書73ページからをご参照ください)。

また、自身が体験した出来事について淡々と語ったり、被害直後であっても普段と変わらないような日常を過ごしたりする被害当事者もいます。それゆえ「傷ついていないのでは」「被害があっても平気なんだ」と思われることもありますが、「感情の抑制」が起こっている可能性を考えたほうがよいと思います。たとえ深く傷ついていたとしても、大きすぎる痛みから自分を守るために感情を切り離してしまうということも大いに起こり得ます。

情報提供について

被害を打ち明けられた際は、個人としてその話を受け止めると同時に、性暴力被害者のためのワンストップ支援センターや犯罪被害者支援センター、警察や病院などの社会資源についての情報提供を行い、援助を求めてみては、と伝えるとよいかと思います。今や全都道府県にワンストップ支援センターはありますが、存在が知られていなかったり、知っていても被害男性の中には、「男性は対象ではないのではないか」「信じてもらえるだろうか」など、相談に二の足を踏んでいる人もいます。そのようなとき、「ワンストップ支援センターに相談してみたら」と声をかけられると、相談してもよいのだと思えたり、不信感が薄らいだりすると思います。

今は、#8891（「はやくワンストップ」の語呂合わせ）にダイヤルすると、発信地を管轄するワンストップ支援センターに無料で自動的につながるようになっています。もちろんワンストップ支援センターに相談をするかどうかについても、被害当事者の気持ちを尊重する必要があります。

無理をしない

被害を打ち明けられて、場合によっては自分一人では被害当事者の話を抱えきれないと感じることもあるかもしれません。話を聞くことで過去のことを思い出してつらくなったり、さまざまな理由で気持ちの余裕がなかったり、「こんな風に感じるべきじゃない」と自分の心に浮かんだ思いを否定しようとすることも起こり得ると思います。

そのようなときは、無理に被害者を支えようとせず、時間を取って自身のケアを優先したほうがよいと思います。自分の思いを否定せず、なぜそのように感じるのかを立ち止まって考え、もし昔の経験が思い出されてつらくなったり、なぜかこころの苦しさが続いたりするときは、カウンセリングを受けてみてもよいかもしれません。

もし、被害当事者にどのように関わったらいいのか悩んだなら、先にご自身からワンストップ支援センターに相談することも一つの選択肢です。

3 男性被害者を支援するということ

これまで何度か取り上げた、内閣府・男女共同参画局が行った令和2年度の調査によると、無理やりに性交などをされた被害経験を持つ被害者のうち、誰にも・どこにも相談しなかった被害者の割合は、女性は58・4％（無回答4％）であったのに対し、男性は70・6％（無回答0％）と女性よりも多いことが明らかになっています。相談しなかった女性の割合も、傷害などの他の被害に比べるとずいぶん多いのですが*10、男性は女性以上に多いと言えます。

相談する行為に至った場合、女性も男性も相談先で一番多いのは友人・知人で、ワンストップ支援センターや警察、医療関係者などに相談したとする被害者は、女性でもわずかであり、この調査において男性はゼロです（前述のように2021年にNHKも男性の性暴力被害者に対して同様の調査を行っていますが、そちらでは、専門機関や学校などに相談したという人も少数ながらいました）。

そのようなわけで、現状においては、ワンストップ支援センターや医療機関、警察などの専門機関に相談する男性被害者はかなり少ないと考えられますが、男性の性暴力被害について社会的な認知が広がるにつれ、男性被害者も少しずつ専門機関に相談をするようになってきました。性暴力が発生すること自体は悲しく腹立たしいことですが、男性の被害についての社会の理解が進み、男性の被害者にとって相談する壁が低くなりつつあるとしたら、それは好ましい変化なのではないかと思います。

2017年に性犯罪に関する刑法が改正されて以来、男性も性暴力の被害者になり得ることが法的にもはっきりと認められたわけですが、個人的な感覚としては、それ以降、ワンストップ支援センターをはじめとしてさまざまな機関での捉え方に変化が生じているように感じます。それ以前は、非常に残念なことに、男性被害者がやっとの思いで相談機関に電話をしても「そんなことあるはずがない」「いたずらはやめなさい」などと言われる二次被害を受けることもあったようです。[*11] 今でも、専門機関に相談に行ったのに、興味本位な質問をされたと耳にすることもあります。そのような二次被害を被害者に与えないよう、支援者はくれぐれも注意すべきだと思います。

なぜ男性被害者が被害について相談しにくいのかということについては、第2章で詳しく論じました。ここでは、逡巡《しゅんじゅん》の末にようやく意を決して相談に来られた男性被害者に対して、どのような支援が求められているのか、また、支援をめぐる構造的な問題について書いていきます。なお、支援の場としては医療機関や警察、学校や犯罪被害者支援センターなどさまざまありますが、ここでは主にワンストップ支援センターのことを念頭に置いています。配慮すべきことについては、ワンストップ支援センター以外でも支援の場を問わずに参考にしていただけるのではないかと思います。

男性被害者の相談の特徴

2022年2月から3月にかけて内閣府男女共同参画局が、性暴力被害者のためのワンストップ支援センター（以下、「センター」とはワンストップ支援センターを指します）における障害者や男性などに対する支援事例についてのヒアリングを実施しました。[*12] ようやくの感も否めませんが、男性や障害者など、性暴力被害の中でのいわゆる〝マイノリティ〟にあたる人々に焦点を当てた調査がなされること自体は、良い変化であるように思います。

この調査で、男性の相談や支援の特徴として、まず以下の二つのことが挙げられています。

①匿名での電話相談のみで終了し、面談や、関係機関と連携した直接支援にはつながらない事例が複数みられた。
②被害を受けたことに対するショックや、羞恥心、自責感等が強く、被害について人に話したくない気持ちや、相談したことが誰かに知られるのではないかという不安があるために、支援に困難があった事例が複数みられた。

①に関連して、内閣府が行ったワンストップ支援センターの支援状況等調査[*13]というものがあります。それによると、センターに相談してきた相談者の性別の割合は、女性の被害

者が電話相談で87・7%、面談で97・8%を占めていて、男性の被害者は、電話相談で10・4%、面談で2・2%となっていました。この実態からは、男性の相談者が一定程度いることと、①に書かれていることとのより具体的な数字が分かります。

①の理由としては、②に挙げられている理由以外に、男性の性暴力被害が信じてもらえない恐れや理解されない可能性、いたずらだと思われることの不安などもあるのではないかと思います。また、自身の性にまつわることを異性である女性の相談員に話すことの恥ずかしさや受け止めてもらえないのではないかという恐れもあるかもしれません。

現在は、ほとんどのセンターのウェブサイトやパンフレットに「男性も被害に遭う」ことが明記され、男性の相談員も徐々に増えてきてはいますが、いまだ相談員は女性が圧倒的多数だと思われます。センターによっては、「女性の相談員がお話を伺います」とはっきりと書かれているところもあります。実際に、女性の被害者のほうが男性の被害者よりも多く、加害者も、既存の統計では女性よりはずっと男性のほうが多いという結果が出ています。また、ワンストップ支援センターは、「女性に対する暴力」の根絶から発生した側面もあるため、被害者の〝マジョリティ〟は女性であり、それに呼応するように相談員も女性であるところがほとんどであると考えられます。ワンストップ支援センターの中には、相談者が支援員の性別を選べるような仕組みを備えているところもありますが、現実にはそれほど多くはない、というのが実感です。

筆者（西岡）の経験では、電話の最初に「男性ですけど……いいですか？」と断ってから話を始められる男性の相談者も一定程度おられます。女性であることを断ってから話される被害女性がいないのとは対照的です。この「男性ですけど……」には、どのような含みがあるのでしょうか。おそらく、相談者の中に、性暴力は女性が遭うもので、男性である自分が相談してもいいものか、という戸惑いや疑問があり、一言断ることで相談員をびっくりさせないようにするという配慮、同時に「いたずらはやめてください」などのきつい二次被害を受けることを避けたい思いなど、さまざまなものが詰め込まれているように思います。

ただ、前述のように、今ではほとんどのセンターが男性も被害に遭うという認識を持って活動しており、相談員の多くが女性であったとしても、男性の性暴力被害に対応していないセンターはごく少数です。また、加害者が男性である場合、男性に話を聞いてもらうことに恐怖を感じる被害男性もいますし、たとえ加害者が女性であっても、男性より女性に話を聞いてもらうほうが安心できると感じる被害男性もいますので、実際には相談員が女性だから男性の被害を聞けないというわけでは決してないと思います。とはいえ、本来なら被害者の性別にかかわらず、相談者が相談員の性別を選ぶことができるのが望ましく、どこに住んでいてもそのようなサービスが受けられるように、体制作りを早急に進める必要があるのではないかと考えます。

何に配慮すべきか

ここでは、男性の性暴力被害に継続的に関心を寄せ続け、相談員としても被害男性に向き合う中で筆者（西岡）が感じたことをいくつか述べようと思います。

あくまでも筆者の印象に過ぎませんが、男性の相談者は、女性の相談者以上に、自身の身の上に起こったことが何なのかを定義できず、とても不快でイライラするのに、どうしたらいいのか分からない、という状況におられる方が多いようです。とりあえず性にまつわることだから性暴力被害者のためのワンストップ支援センターに意を決して電話をかけてはみたけど……というお気持ちではないかと思います。

電話相談の特徴として、「一回性」ということが言われていますが、*14 男性の相談者の場合は特にそのことを意識しておく必要があるように思います。もう二度と電話をかけてこられないかもしれないと考え、その一回の通話の中で可能な限りのサポートができるように臨むことが必要です。かといってあまり肩に力が入りすぎても相談者を置き去りにしてしまう恐れがあるので、相談者のペースや受け止められる程度を考慮しながら落ち着いて対応します。

サポートの具体的な中身としては、個人的にはまず「よく電話をかけてくださいました」と相談者の勇気とそれまでの道のりに敬意を表することから始めています。その上で、丁寧に話を聞き進めます。これは性別に関係なく、電話をかけてこられる動機や状況は個々人によって異なりますので、どのようなことを苦しい、あるいは不安に思って困っているのかに焦点を当てて話を伺います。性暴力を受けているけれど自身の身に何が起こったのか定義できないような相談者に対しては、どのような状況であったとしても、同意のない・対等ではない中で行われる性的行為は性暴力であることを伝えます。

「情けなく思う必要は全くない」と伝える

男性の性暴力被害にもさまざまな形がありますが、男性に特徴的なことの一つは、勃起や射精という目に見える生理現象が起こることです。特にこのような体験のある当事者は、混乱したり「情けない」という思いを抱いたりしている可能性があります。そのことに対して、しっかりと「勃起や射精は性行為への同意がなくても起こるもので、あなたが情けなく思ったり自分を恥じたりする必要は全くない」ということを伝える必要があると思います。

その上で、その機関ごとに具体的にどのような支援ができそうか（例えば警察への同行、法律相談の調整や同行、泌尿器科や精神科の紹介や同行、無料のカウンセリングなど）を伝えます。来所相談が難しそうであれば、相談者の方が置かれている環境において自分でできそうなことを一緒に考えることも大切かと思います。その際の対応に安心感を持ってもらえたり、意味のあることと捉えてもらえたりしたら、たとえそのときは一回限りであったとしても、もし再度相談したいと思ったときに、比較的抵抗が少なくなるかもしれません。

相談員の安心感

ここで一つ、電話相談ならではの相談員側の困難についても書いておきたいと思います。電話相談は顔が見えず、匿名でも可能なため、性別にかかわらず「いたずら電話」をかけてくる人もいます。ワンストップ支援センターにおいて、どの程度いたずら電話があるのかという統計はありませんが、多くの相談員がいたずら電話に出くわしたことがあると思います。[*15] ほとんどの相談員は、最初から「いたずら電話」と決めつけると実際の被害を見逃してしまう恐れがあるので、どのような相談であってもまずは真摯に話を伺うのではないでしょうか。話を聞き進めるうちに、いたずらの可能性についても考えるけれど、相談の最後まで、本当に被害が起こっている可能性を排除せずに伺っていると思います。

相談員は、相談業務に入る前に、必要な研修を受けて業務に臨みますが、それでもやはりいたずら電話には疲弊・消耗してしまいます。まずは相談電話といたずら電話を見分けて（いたずら電話にもそれなりの背景があるのだろうとも考えますが）、それぞれに適切な対応をできるようになることが求められるとも思います。そのことが、真の相談を「いたずら」と捉えないことにもつながります。

しかし同時に、このいたずら電話の背景には、相談員がほとんど女性であることも関係しているように思います。すなわち、女性を相手に性的な刺激を得たいとか、困惑する様子に触れたいという欲求の存在です。相談員の大多数が女性であるのは、性暴力というものがフェミニズムや女性への暴力をなくそうとする運動の中で発見され、定義されてきたという歴史が関係しているとも言えるでしょう。そのことで安心して相談できる被害者もたくさんいると思いますが、その一方で生じている困難にも目を向ける必要があります。

また、相談員はボランティアであったり非常勤であったりと立場が不安定で、非常に高度な専門性と集中力を求められる仕事でありながら相応の待遇がなされていない点など、今の社会のジェンダーギャップがこのようなところにも現れているようにも思います。

研修や体制を整えることで相談員が安心感を持って業務に当たることができ、いかなる性別の人でも経済的な心配なく業務に携われるような環境が整うことは、ひいては男性の被害者のみならず性暴力被害者全員が安心して相談できることにつながるでしょう。今後は、このような相談体制の整備が求められると考えます。

第5章　個別的な苦しみと社会をつなげる

男性や男児が性暴力被害に遭うという事実、そしてその後の影響を見てきました。性暴力被害の苦しみは、非常に個人的な苦しみではありますが、一方で社会的な原因もあります。不可視化され、隠蔽されている実態も今日の日本社会を見ればおそらく納得できるもので、それが歴史的に作られたものであることも理解できるでしょう。そのような困難な社会的状況の中、男性の性暴力被害者は回復過程を進まざるを得ないのが現状です。そう考えると、個人的な苦しみと社会的な問題とはつながっているのではないでしょうか。

この章では、男性が性暴力被害に遭う事実が信じられにくいという日本社会の問題を考えていきます。これを考える方法として、「男性の性暴力被害が不可視になっていることで得をしているのは誰か？」という問いから考えていきたいと思います。

1　男性の性暴力被害の不可視化で得をするのは誰か

被害者が黙らされる状況で一番得をしているのは、加害者です。当然ではありますが、被害者が黙っている状況とは、その被害が明らかにならないということです。それはジェンダーやセクシュアリティの「ルール」を利用することで起きているのです。

加害者と被害者の関係性だけでなく、規範を背景にして被害が明らかになりにくいということは、ここに社会的な問題があることが分かります。

男性の性暴力被害という事象が明らかになるにつれ、理解しがたい現象も生じてきました。その一つが、男性の性暴力被害を「ジェンダーバックラッシュ」に利用するというものです。ジェンダーバックラッシュとは、性に基づく差別を是正すべく行われているさまざまな取り組みを後退させるような揺り戻しを言います。

男性の性暴力被害をこのバックラッシュに利用することとは、直感的には矛盾するように感じられるかもしれません。しかし、男性という地位で得られる構造的な特権を手にしたままで、男性の被害を位置付けるためには、バックラッシュを利用することが必要なのです。

バックラッシュへの利用

日本でも運動が展開されている #MeToo ですが、これには男性たちも参加しています。もともと黒人女性の性暴力被害を支援していたタラナ・バークが2006年から使っていた言葉でしたが、それが2017年になってハリウッドの性暴力被害を訴える文脈で用いられ、瞬く間に拡散し世界的に知られるところになりました。隠され守られてきた加害者を引きずり出し、性暴力の問題性を広く世の中に訴えるものとなりましたが、近い時期に #MenToo というハッシュタグも始まりました。#MenToo と聞くと、男性も性暴力被害者になるのだという訴えでもあるかのような印象を持ちますが、その内実にはバックラッシュにつながるものがあります。

#MenToo はインド発祥のSNS運動だと言います。ある女性が男性の性暴力を訴えたところ、それが冤罪《えんざい》であるとして男性を擁護するために用いられ、またインド社会において男性も守られる法律にしようと運動を展開しているようです。

これがどのようにバックラッシュとつながっているかというと、「男性も被害者になるのだ、だから男性を加害者として見るのはやめろ！」式の言説です。近年はアメリカの俳優のドメスティックバイオレンスを擁護する運動としても使われ、Twitterトレンド入りもしました。

同様のハッシュタグとして#HIMTOOもありました。このハッシュタグは男性たちが性暴力の被害経験を共有するために使われていましたが、それが虚偽の性暴力の告発に男性たちが晒されていることを主張するために使われるようになりました。

また日本でも男性の性暴力被害について記事が出ると、それに乗じて、「フェミ活動家も男性は犯罪者で穢《けが》れたものだと断言していた」というようなフェミニズムへの非難を繰り出すものも見られます。

女性から加害を受ける男性もいる中、男性が加害者としてだけ可視化されやすいことは事実ですが、それがバックラッシュとして利用されると、構造的な差別を度外視してしまうことになります。何度も繰り返しますが、性差別の構造が男性の性暴力被害を不可視化させ、孤立させているのです。男性差別が原因で男性の性暴力被害がきちんと対応がなされないのではなく、性差別構造の強者として男性がいられる仕組みこそが問題です。しかし、バックラッシュの利用の際には、一連の背景を組み込まずに切り取るため、一定の説得力を有しているように見えます。このような言説により女性に対する中傷を行うことで目指されているのは、決して男性被害者の救済ではありません。男性の性暴力被害をバックラッシュに利用するのは、この差別的な社会の変更を迫ろうとするものでもありません。

社会にとっての「得」

男性の性暴力被害が見えづらいということで「得」をしているのは加害者です。損得というと不謹慎な表現ですが、性暴力の加害に思想的な深みはありません。加害するということは、すでにある社会のルールに則り、またそのルールを利用しているということで、単に巧妙であるだけです。

付け加えると、二次加害についても同じです。単なる無知から意図した加害まで幅はありますが、二次加害につながる言動というのは大体誤った社会通念に則っているに過ぎません。文脈や状況によって現れ方はさまざまですが、根本的な主張はレイプ神話で説明できる陳腐なものです。

加害者が利用しているルールというのは、被害者が不可視化される社会の仕組みのことです。男性の性暴力被害が明らかになりにくい状況において、被害開示のしづらさ、そして第三者の気づきにくさがこれまでの調査や研究では注目されていました。被害当事者にとっても個人的な被害体験と社会における男性のイメージとのギャップは葛藤を引き起こし、整理するのに時間が必要になる場合もあります。被害者を声の上げづらい状況に置くことによって、その事実を隠すことができ、加害者は責任を追及されることがありません。

性暴力は被害者が声を上げなければ問題化されませんし、声を上げても否定されたり、出来事の重大性を信じてもらえなかったりと、常に隠されがちです。被害者にとって加害者の存在感というのは、圧倒的なものです。しかし、加害者に責任を帰するために、あえてその加害行為の陳腐さ、そして結果的に責任を追及されないという「得」について考えてみたいと思います。

加害者にとって、男性に対する性加害は男性被害者と異なり、加害者自身と社会との関係を見直す契機にはなりません。自身の行為について特に考えずにいられる状態というのは、得をしているということになります。そこでは社会の男らしさや女らしさに則って加害することで、加害者たちはその責任を被害者にすべて負わせようとしています。

以下の事例は創作ですが、珍しいことではありません。ある男性は幼少期から性器を触られたり、口腔性交をやらされるなどの被害に遭っていました。「性教育の一環だ」「大人の身体を教えてあげる」などと言われたり、またそれらの行為をすることで褒められたりしました。それが「教育」であり「大人の男性への道のり」であると言うのは、性的意味を排除することが目的になっており、被害男性は自らその行為に入ったことで自責を感じます。

また、別のある男性は泥酔させられて、その間に身体を触られ挿入を伴う性行為を行われ、生理的な反射から勃起し射精へと至りました。冷静な判断ができない中で無理やりセックスをされ、身体反応を引き起こされ自責を感じさせられます。

あるゲイの男の子は初めて同じセクシュアリティの成人男性と会った際に、ホテルへ連れ込まれセックスを強要されました。自らの性的指向を明らかにすることが難しい状況の中、しばらく誰にもそのことを打ち明けられませんでした。

こういった被害の後に男性たちが自分の被害を整理し訴えることは難しいものです。加害者たちは、被害者の男性というカテゴリーに付随するルールによって、その行為が一般にどのように受け止められるかを分かっていると思います。

先ほどの例に即して考えてみると、例えば息子に対する加害であれば、それは父からの愛として、また息子自身の性的な奔放さから性行為を受け入れたとして、被害者である息子に責任を負わせます。

また、泥酔するほど酔っ払う男は酒の弱い軟弱な男で、性行為をされたことはその弱さが原因であり、言い寄られてその気になった男と受け止められて、逃れられない状況、恐怖によるフリーズは度外視されます。また、同性愛に対する差別がある社会においては、特に10代は、性暴力被害に遭ったことを言い出しづらいことを加害者が分かっている上で、口外されないことが事前に想定されています。もし、その被害が明らかになってもゲイの男の子が初めて会った男性に欲情したとして、少年の性欲に理由を求め、あたかも少年が望んでいたかのように見せかけます。

説明的に書くと、加害者の自己中心的な世界観は、非論理的であり馬鹿ばかしいように感じるかもしれませんが、その世界観自体が男性中心的なルールに則っているため起きている事態でもあります。このようにして、加害行為は正当化され、そこに何らかの被害を感じ訴えようとする被害者を黙らせることができるのです。

そしてこの状況は男性中心的な社会にとっても「得」です。なぜなら既存の秩序や構造を維持できるからです。被害者には黙ってもらい、男性の被害というものが存在しないことにしておけば、男性らしさの規範は延命することができます。それによって女性やマイノリティを差別し続けて、構造的な特権を一部の男性に与え続けることができます。そしてそれは、この社会に生きる加害者・被害者以外の第三者の人たちが動揺せずに暮らしていけることにもつながります。

被害者が割を食うこと

加害の仕方の巧妙さというのは、加害者と第三者にとっての「得」、つまりその責任を追及されないという点にあります。被害者はそれにより、複雑な状況に置かれることになります。もともと、加害がなければ被害もないのですが、あたかも被害者自身に責任があったり、同意していたと感じたりするように仕向けられています。加害者や第三者が抱いているルールに則った言動は、被害者自身も理解できてしまう内容だからです。

性暴力被害は、被害者が奪われるものが多大になります。加害者が特に何も失わないのに対して、自らの性的な感覚や社会への信頼、他者への信頼、時間、お金、健康などさまざまなものを失う可能性があります。

なかなか自らの被害を認めづらいことの一端には、社会の中で男として生きざるを得ない状況も影響しています。男らしさが大なり小なり求められる世界では、性暴力被害を訴えることが多大なリスクとなります。「あいつオカマ掘られたんだって」と笑われるかもしれません。「あいつ女に痴漢されたんだって」「え、羨ましい」などネタとして消費されるかもしれません。そういった環境においては、被害の体験をある種社会に認められた形式で語らざるを得ないことも生じます。

先ほどのゲイの男の子の例で考えると、その加害者が40代で会社を経営し有名人とも知り合いだとしたら、「自分はすごい人と仲良くなれた」と合理化しようとするかもしれません。中学生だけれど大人とラブホテルへ入りセックスまでした、かっこいい自分として納得しようとする可能性もあると思われます。

また、親から性暴力被害に遭っていた男性が、それは親から愛されていたからだと思い、またその行為が自分を男にしてくれたのだという経験として語る、ということもあり得ます。

こういった合理化した語りには、自身の経験が社会的に認められるように改変されたことが見て取れます。男性として性的に能動的であることや、その状況から立ち去らなかったのは自分が望んでいたからだと思い、身体やペニスを触られる程度のことは男同士でよくあることなのだから、と気にしないようにする。そのようにして、自身の嫌悪感や恐怖感に蓋をすることがあります。ですが、そのように合理化しようとしても心の中に混乱や重責を抱えることになってきます。

男性が性暴力被害に遭うということが認められない社会、また単に認められないだけではなく、男性が性的なことに関わった際には能動性や積極的な関与が想定される社会では、このような体験を180度変えて意味づけなければならない状況に置かれます。もし、その体験を被害として捉えようとすれば、多大なリスクがあります。ですから、そもそも不快な体験を性暴力被害として認識すること自体が難しいかもしれません。

男性の性暴力被害の存在については、男性たちが「初めて聞いた」というような素朴な反応をすることが多くあります。そしてそのような反応をする男性たちは、どこか必死であるようにも感じるときがあります。もしも男性が性暴力被害に遭うということが分かってしまったら、これまで生きてきた自分のあり方が崩れてしまうのではないかという不安があるのかもしれません。

男性が性暴力について書く際にも似たことが起きています。

これまで男性の研究者は男性の加害性については多く書いてきました。ある男性の学者は、自分自身に男の残虐性が根付いていることに絶望すると書いています。さらに、「例外的な」男性被害については扱わずに排除することもあります。また別の男性研究者も、男性の性暴力被害の重篤さを示しながらも、「男性被害は扱わない」と断言しています。

社会的に男性が、男性の性暴力について語りづらいということには、「弱さ」という男性性にとって最も排斥しなければならないことを突きつけられる恐怖があるかと思います。男性の学者ですら日本では男性の性暴力被害についてほとんど書けないのですから、多くの男性被害者にとって自身の体験を整理して語る表現が見つからずにいるのは当然かもしれません。

この状況は、加害者にとってはやはり都合の良いことでしょう。被害に遭った人が一人で苦しみ続けてくれることが、加害者にとっては利益となるのです。

2 個人の痛みと男性カテゴリーの狭間《はざま》

性暴力に遭った男性を隠そうとする力には凄《すさ》まじいものがあります。この力が働いていることで、被害に遭った男性たちが自身の体験を位置付けることが困難になることが分かります。

ねじれの苦しみ、つながらない苦しみ

「性暴力の連続体」という概念があります。これはさまざまな出来事に通底する基礎的で共通の特徴として示したものです。相互に関連する一連の要素や出来事では、男性が女性をコントロールするためにさまざまな方法の虐待、強制、力を用いているということです。[*1]

ジェンダーに基づく暴力において可視化される男性とは、加害者としての姿です。個別的な性暴力の体験は、すでにジェンダー化された出来事でもあります。そのために、性暴力に遭った男性と言ったとき、一方の極には男性性の加害的ポジションを、もう一方の極には個人的な被害体験を想定せざるを得ません。無性的に性暴力を考えることがいまだ難しいほどにジェンダー化された社会に我々は生きているからです。

男性の性暴力被害については、この個別的な体験と、逃れることが非常に困難なカテゴリーとをいかにつなげるかがポイントになると思います。男性と性暴力被害との間にはある種のねじれを抱えた、つながりにくい苦しみが生じます。

このような事例もあります（架空事例ですが、事例の核心部分のリアリティは担保されています）。ある男性は、ケア的に近寄ってきた母親から加害を受けました。しかし、母親は一人で息子を育て苦労をしているように彼には感じられていました。驚きと混乱で動けない中、徐々に加害が増えていき、挿入をさせられました。

自分自身が逃れられなかったことであっても、それが不快で被害的な経験だったと感じられるようになっていく一方で、母親への同情も感じてきました。相手が父親だったらもっと抵抗できたかもしれない、女性が一人で働いて子育てをするのは大変だったと思う、寂しかったのかもしれない、だから女の子が父親から性的虐待を受けることとは違うかもしれない……。そのように思ってしまうと、母親のことを責めるのは難しいかもしれません。

事例から考える

また、これまでの話を分かりやすく理解するために、さらに以下の二つの事例を考えてみたいと思います（架空事例ですが、被害事例を具体的に記述しています。読み進める中で気分が悪くなったら、いったん本を閉じて休んでください）。

【事例1】

大学2年生の女性A子は、大学でテニスサークルに入っている。そのサークル仲間で飲み会があり、A子、B子（女性）、C夫（男性）、D介（男性）でお酒を飲んだ。C夫が自宅で二次会をしようと誘い、B子はレポートを書かないといけないから、と断ったが、A子、

D介はC夫の家に行くことにした。しばらく3人でお酒を飲んだり話したりしていたが、D介が次の日の1限に実習系の授業が入っているから、と帰ることになった。A子も本当はそろそろ帰りたいと思ったが、C夫が何度も「もう少し一緒に楽しもうよ」と誘い、C夫は先輩で学部も一緒、これまで何かと助けてもらったという恩義もあって断れず、もう少しだけと思いC夫の自宅に残った。

C夫はA子に酒を勧め、場の雰囲気を壊したくないA子は少し無理をして飲んでいた。最初は向かい合って話していたが、C夫はA子の隣に少しずつ移動してきて、肩や腰を触ってきた。さりげなく手を払ったり距離を取ったりしていたが、C夫はやめようとはせず、胸を触った。この時点でA子は「やめてください」と伝えて、何とかC夫の家を出た。

A子はその後しばらく男性全般が怖くなり、学内で男性が近くに座るだけでも息苦しさを感じ、身体が硬くなるようになった。また、なぜB子やD介が帰るタイミングで一緒に帰らなかったのだろう、と何度も何度も自分を責めた。この出来事の直後には、大ごとにしたくない思いもあって誰にも言わなかったが、眠れなくなったり、眠れたときもあの夜のことが夢の中に甦ったりする日々が続き、もう限界だと思ってB子に打ち明けた。B子は驚きながらもA子の話にしっかり耳を傾けてくれ、B子の勧めで学内の学生相談に足を運んだ。そこで、今出ている症状は異常な状況の中での正常な反応であることや、C夫の家に居続けたことはC夫に身体を触ってもいいと許可したのではないことをカウンセラーとの話の中で理解し、今回の件は同意なく身体を触ってきたC夫に責任があり、怖かったし悔しかったけれど自分を責める必要はないことを納得できた。

【事例2】

大学2年生の男性N太は、水泳部に入っている。あるとき水泳の大会があり、その夜に部員で打ち上げを行った。N太は二次会まで行き、帰ろうと思ったが、先輩であるT（男性）から、「これから何人かで家で飲みなおすから、N太も来いよ」と誘われた。同級生である自分の友達も二人ほど行くようだし、ここで断ったら感じが悪いと思われてしまいそうだったので、先輩宅に行くことにした。

T宅で、数人で飲みなおし、大会の疲れもあって皆そのまま寝入ってしまった。N太もそうだった。ふと気がつくと、自分のすぐ後ろに人の気配を感じた。怪訝《けげん》な思いでいたが、後ろを振り向いて確かめるのも怖いと思い、そのままにしていたら、後ろから手が伸びてきて、自分のお尻や性器を触り始めた。触っていたのは、家に誘ったTだった。N太は、何が起こっているのかとっさには理解できず、とても混乱した。ただただ、怖い、気持ち悪い、やめてほしいと感じたが、他の部員たちも寝ている中で、大声を出して大ごとにしてはいけないようにも思われ、寝返りを打つふりをして手をふりはらった。他の部員にこのことを知られるのは絶対嫌だとも思った。

その後もTはさりげないふりをして自分の身体を触ってきた。N太はトイレに立ったりしてできるだけ逃げた。そのような状況のまま朝を迎え、日が昇ってからすぐに家を出た。

その後イライラした気持ちが続き、Tに対する嫌悪感や怒りもあったため、しばらく水泳部に足を向けることができなかった。自分がいつもの自分とは違うことは自覚していたが、それをどうすればいいのか分からず、とにかくいつも行っているランニングの距離を長くして、たくさん走ることで考えない時間を作ろうとした。

Tが卒業した後、友達の誘いもあって、再び水泳部に顔を出すようになったが、仲間との付き合いはぎくしゃくしたままだった。4年生になって研究室に所属し、その中で大学院生と共に実験などを行うようになったが、そこでもうまく人間関係が築けず、次第に研究室に行くことができなくなった。N太の様子を心配した指導教官が、学部の保健室に行くことを勧め、そこでN太は意を決して、養護教員に自身の体験を話した。不思議と涙が出て止まらなかった。

養護教員は「よくここまで一人でがんばってきましたね」とN太をねぎらってくれた。そして、何びとも同意なく他の人のプライベートな部位に触ってはいけないし、同意なく触る行為は人の境界を侵襲することであり、性暴力であることを説明した。そして性別に関係なく性暴力を受けることや、その場で断れなかったり固まってしまったりすること、誰でも被害者になり得ることや気持ち悪さや悔しさなど思いを吐き出していいことなどを説明してくれた。N太は、まだ気持ちのモヤモヤがすべて晴れたわけではないけれど、言葉にならないところで悩んでいたことに寄り添ってもらった気がして、心のしこりが解け始めたような気がした。

この二つの事例を読んで、どう感じたでしょうか。同じ大学生の事例で、同じように同意なく性的な部位を触られるという被害ですが、おそらく受けた印象や感じ方は異なるのではないでしょうか。

事例1では、中には、A子さんが後から感じたのと同じように「なぜB子が帰った時点でA子は一緒に帰らなかったのか」と思う人もいるかと思います。もしその時点で帰っていればつらい目に遭わずに済んだのに、とも思われるかもしれません。これは「後知恵バイアス」とも呼ぶもので、人間は、物事が起きてからそれが予測可能だったと考える傾向があります。しかし、なぜつらい目に遭うことが「予測可能」なのでしょうか。

そこには、男性という属性の持つ「加害者性」があると考えられます。中には、C夫の家に行くこと自体が危険だと思ったり、B子がいなくなり男性2人と女性1人になった時点で危険だと考えたりする人もいるでしょう。確かに物理的には男性のほうが力が強いことが多く、もし男性が無理やり性的な行為をしようとした場合、逃げられないこともあるかもしれません。すべての男性がそういうことをするわけではないと頭の中では考えつつも、最悪の結果を避けるために、用心として「男性の家には行かない」「交際している人以外の男性とは密室で二人きりにならない」という〝防衛策〟を取っている女性も一定数はいると思います。

もちろんそれは女性が自分の身を守る方法として有効なものであると思います。しかし、そこに潜んでいる「男性＝加害者になり得る存在」「女性＝被害者になり得る存在」という図式は、意識しておく必要があるのではないでしょうか。このような〝防衛策〟は、一定程度社会の理解を得ていて、性暴力をしたこともないような父親でも、自分の娘に対して「男はいざというとき信用ならんから密室で二人きりになるな」と言ったりすることがあるのではないかと思います。たとえ自分がそういうことをしようと思ったことがなくても、です。本当は、男性といえども多様なはずなのに、性暴力が被害者に与えるダメージが大きいため、どのような男性でも加害者になり得る、という仮定のもとで行動せざるを得ないのが実態と言えるでしょう（ただし、誰にとってのダメージか、ということも考える必要があります。現代の日本においては、被害者となる女性本人にとってのダメージと考えてよいと思いますが、一時代前の日本や、例えば女性の人権が著しく制限されている国々では、今でも「○○家にとって」「女性を所有する夫や父親にとって」のダメージと捉えられることもあると思います）。

そのような前提の中では、予想し得る危険から自分で身を守れなかった女性が悪い、という二次被害的な発想が生まれてきます。同時に、女性が男性から性暴力を受け得ることも、社会の中では広く共有された考え方だと思います。そのため、被害を受けた女性も、その被害のことを聞いた人も、まさか自分／この人が、という思いはあったとしても、「自分／この人は被害を受けたのだ」と思うことが男性に比べたら容易でしょう。

事例2についてはどうでしょう。まず、N太さんは、先輩のT宅を訪ねる時点で、おそらく性的な身の危険があろうとは予測していなかったと思います（ただ、それ以外の危険、例えば無理やりお酒をたくさん飲まされる、などは予測していたかもしれません）。男性が男性の家を訪問することは、日常的によくあることで、学生であれば雑魚寝《ざこね》をすることもとりわけ特別なこととは見なされないのではないでしょうか。むしろ、絆《きずな》を深め合ういい機会、と捉えられることのほうが多いかもしれません。それゆえ、お尻や性器を触られたときのショックと驚き、恐怖や気持ち悪さ、怒りは言葉では表せないものがあると思います。

しかし、そのような感情や体験はあったとしても、「性暴力の加害者＝男性、被害者＝女性」という図式が広く信じられている社会に生きていると、まず男性である自分が性的な対象と見られ、同意もなく触られたりすることが何なのか、言い表すことが難しいでしょう。もちろん女性であっても、すぐに被害の認識ができるわけではありませんが、[*2] 女性の場合、「セクハラ」「痴漢」「レイプ」と自分が女性であることは、つながっていると感じられるのではないでしょうか。

同じ「男性」であっても一様ではないことは、おそらく男性自身も、女性も、性的マイノリティの人々も自分の体験の中から感じていることだと思います。しかし、性暴力を受けるという危機的状況においては、人はより単純で昔からある図式で物事を考えてしまうのかもしれません。N太さんは、自分の体験した出来事が「性暴力」であるとは思いもせず、「身体的な暴力」とまでは言えないような出来事に、悶々《もんもん》としていました。男性である自分が性暴力の「被害者」になることなど考えられもせず、また、同じ部活の仲間に知られたら死ぬほど恥ずかしい出来事だとも感じていました。

もちろん女性の場合も性暴力被害を受けて羞恥心を感じ、知られたくないという思いを持ちますが、男性の持つ羞恥心は、女性が持つ羞恥心とは、背景も強さも異なるように思います。場合によっては、弱みを知られることは、その所属集団での社会的な死であるように感じられるかもしれません。

そもそも男性が被害者になり得ると認識されていない社会で、自分の性的な被害を明らかにすること自体、社会的な危険が伴うようで、人に相談したり継続的に支援を受けたりすることに居心地の悪さを感じるかもしれません。また、相談したとしても、「逃げられたんじゃないか」「抵抗できたんじゃないか」など、自分の非を責めるようなことを言われ理解されない恐れもあると思います。そのようなことも、〝つながらない〟要因としてあると考えます。

被害者によっては、自分が男性であることで、普段は社会の中で得をしていることに自覚的な人もいるかもしれません。そのような場合、さらに自分の体験と「被害」ということがねじれの位置に置かれることもあるように思います。このことについては、次節で触れます。

この事例では、N太さんは養護教員に被害のことを意を決して打ち明け、理解されて心のしこりが解け出すような体験をしました。ここ数年で、男性の性暴力被害についての社会の認識は変化しつつあるように感じています。筆者としては、被害を受けた人は比較的安心して話せそうな人や専門機関に相談してみることを勧めますが、これまで書いたような理由でなかなか相談しにくいと感じる方もおられると思います。もちろん一人で抱えていくという選択肢も尊重されるべきだと思いますが、被害者が助けが欲しいと思ったときに適切に理解され支えられる社会になることを願ってやみません。

なお、ここで挙げた事例は、あまたある性暴力の形の一つに過ぎません。実際には、これまでにも書いてきたように幼少時や思春期の被害、長期間にわたる被害があったり、加害者の性別や属性、被害内容も多岐にわたったりすることを併せて記したいと思います。

相対化の痛み

自らの被害を性暴力として考えることには、男性性との関係において葛藤が生じますが、やはり個人の体験は圧倒的なリアリティを持って迫ってきます。

ある男性は父親から性的虐待を受けた人の公表された伝記を読むことで、自らの被害について気づいたと言います。「身体反応はあなたが望んでいたのではない」と書かれた一節を読んだときに、涙が止まらなくなったそうです。その後、自分の被害体験を整理する

女性の性暴力被害と男性の性暴力被害

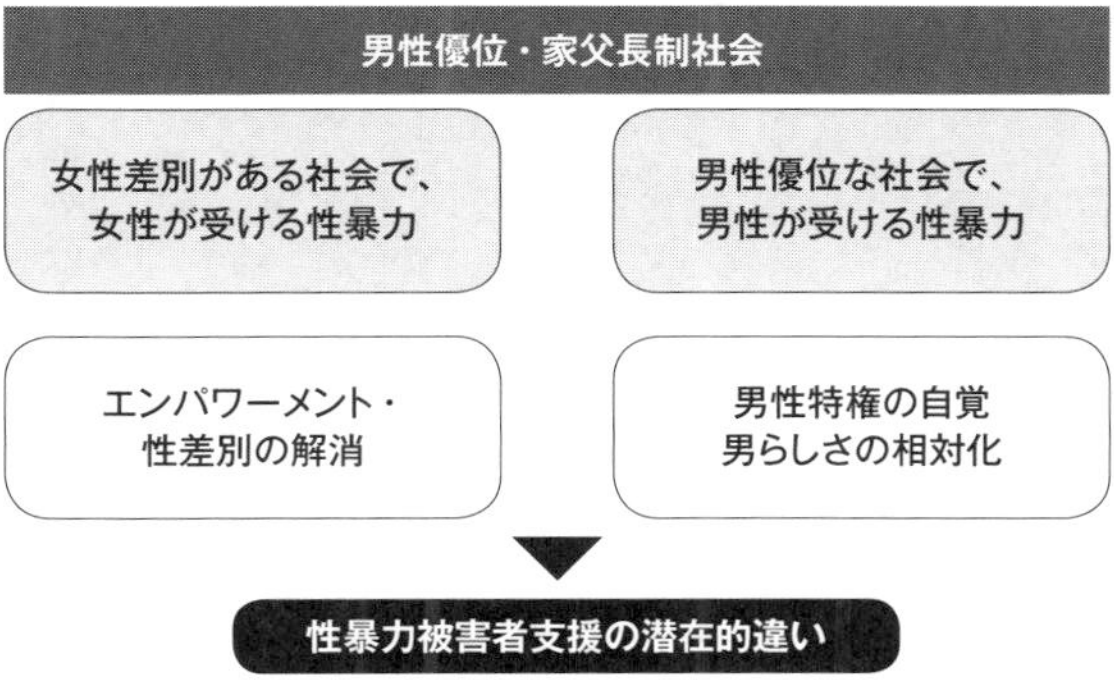

中で、男性であることを相対化しながら考えるようになったと言います。

女性が受ける性暴力被害が「性差別」という構造的な問題として考えられる一方で、男性の性暴力被害とは男性優位な社会で受けるものです。女性のエンパワーメント、性差別の解消が女性の性暴力被害の回復過程において重要な位置を占めるとすれば、男性の性暴力被害の回復過程においては、男性特権の自覚や男らしさの相対化が必要になってくると思います。男性として生きることは、社会的なカテゴリーとして享受した特権性やホモソーシャル（33ページ参照）な関係の中で生きるということだからです。

男性が社会的なカテゴリーとして享受した特権性

とは、具体的にはどのようなことでしょうか。「男性」といってもさまざまですが、一般的に、男性のほうが力が強く、広い行動範囲を持つことができ、仕事を出産や育児で中断する必要がなく、自分が望めば継続したキャリアが積めること、それに関連して収入面でも女性よりも優位な立場にあること、社会的に高いポジションに就きやすいことなど、さまざまな利点があります（2023年に世界経済フォーラムが発表したジェンダーギャップ指数では、日本は146ヵ国中125位でした）。

一方、地域や年代にもよりますが、女性は社会的に活躍することをあまり期待されず、家事や育児を行うことを暗黙の裡に夫や親、地域などから期待されているところもあります。言うなれば、女性には、男性に比べてやりたいことを思うようにできないジレンマがあり、社会のシステムとしても女性の意見を十分に取り入れるようになっていないとも言えるでしょう。また、性的マイノリティの人々については、社会の偏見もまだまだある中、堂々と自分の性的指向や性自認などを公表して自分らしく生きていくことが困難な実態もあります。

歴史的にも、健常な成人男性をすなわち「人間一般」と考えて社会が作られてきました。

意識するしないにかかわらず、女性や性的マイノリティの人々よりも生きていく上で不便が少ないと言えるでしょう（ただし、「健常な成人」以外の男性は、やはり不便や生きづらさを感じる社会であるとも言えます）。

安全に関してはどうでしょうか。性暴力に限ってみれば、前出（180ページ）のように、女性のほうが男性よりも多く被害に遭っていることが統計上明らかになっています。また、加害者は女性よりも圧倒的に男性が多いことも統計上分かっています。

そのような社会に生きざるを得ない中で、自身の性暴力被害体験を位置付ける過程においては、ジェンダーやセクシュアリティのルールの呪縛を解いていく必要があります。すでに見てきたように身体反応、男性性の混乱、不可視性、そしてそれらが成立してしまう背景にある特権性や加害性について理解していく中で、男性である自分と性暴力被害の体験が整理され位置付けられていきます。それは簡単なことではなく、ある種の痛みを伴っています。

例えば、女性から加害を受けて女性に対する憎しみを強く持つ人にとっては、女性の権利や男性の特権ということを知る必要は感じられません。ですが、女性から加害行為を受けた自分は十分に男らしくないという自己否定的な感覚がある場合、そこには女性蔑視が潜んでいます。実際に、彼が女性から被害に遭った傷と共に、社会的な権力関係によって作られた女性イメージが混在して憎しみが作られていることがあります。特定の女性に対する憎しみや怒りが、性差別のルールと共に一般化し、女性蔑視的な思考を形づくるのです。その思考においては、自分より劣位である女性に加害をされたという規範的な男性像を持っていることから、さらに自己否定的な感情に襲われることになります。

男性から加害された異性愛の男性が、同性愛者に対する嫌悪感を持つこともあります。「同性愛者だから俺のことを襲ったんだ」という怒りと嫌悪感は、その内側にホモフォビアが隠されています。そのことで、男性の性暴力被害を同性愛の問題だと片付けることもできますが、常に同性愛者に同性愛嫌悪的な視線を向けてしまう可能性が残ってしまいます。

不快な体験、嫌な感覚、さまざまな反応、苦しみが経験としてあることは事実なのですが、それを男性規範のもとで考えることは早晩矛盾をきたすことになるのです。ですから、男性ということを相対化していく必要が出てくるのです。そのプロセスにおいては、自らの被害体験と男性というカテゴリーの関係が問題になります。それまでは女性一般を憎み、男性としての自分を支えに生きてきたことを振り返り、構造的な差別を知ることで、ある種自分が加害的なポジションにいてしまったことにひどく傷つくこともあります。また、同性愛と加害者を憎むことが結びついていたのに、その仕方自体が男性である自分自身を否定するようなことにもなっていたと落胆することもあります。

男性らしく生きるということが自らの被害体験の位置付けを難しくさせると気づいていく中で、ようやく自分自身の被害体験の苦しみと男性というカテゴリーで生きることの特権性とを区別できるようになってきます。

ただし、男性を相対化し始めると、歴史的な女性差別、マイノリティへの差別と比較して、自らの被害体験を小さく見積もって責任を負おうとすることもあります。それはここ ろに相当な負荷をかけ、場合によってはさまざまな身体の症状として表れることもありま す。自分が受けた被害については、苦しいことですが、感じたそのままを受け止め、自分を癒やす一歩を踏み出すことができるとよいのかもしれないと思います。

当然のことながら、被害体験の苦しみは男性であるということに責任があるのではありません。重要なのは、男性の性暴力被害を不可視化させる圧力には屈しないという点なのです。男性性や男性中心的な社会の仕組みに沿うように理解することが、加害者が望む加害行為の隠蔽なのですから。

回復の極端な二方向と支援のあり方

「男性」というカテゴリーにおいて、性暴力被害者だと認識することには、男性の特権性や加害性という意味と、被害者の個人的な苦しみの体験が、矛盾しながらも絡み合っています。このような困難さにおいて、性暴力の被害を受けた男性にどのような支援があり得るのかを考えてみたいと思います。

性暴力被害からの回復にはまず性暴力被害に遭ったことを受け止める必要があります。被害認識を持ちにくい状況を先に見ましたが、個人的で性的に不快な出来事が起こったことと、それを性暴力被害として認識するプロセスとを分けていくことが必要ではないかと思います。

極めて個人的で性的な侵害を受けることによる反射的な不快、痛み、苦しみ、嫌悪といったさまざまな感情や身体反応を「一次的性的不快体験」として考えることで、自分をある種の「無性的な性暴力被害者」として扱い、個人としての苦しさを感じられるようになることが初期には大切ではないかと思います。

「男性」というカテゴリーをこの段階で積極的に考えることは、一次的性的不快体験をそのまま感じられず、余計な複雑さが生じてしまうと思います。そのため、例えば「男性でも」という風に考えるよりも、個人としての体験と男性ジェンダーの葛藤をいったん脇に置き、より中性的な「人は」という言い方で、出来事に対する心身の反応を知っていくことで、不快な体験の対処に専念するのが良いのではないでしょうか。

その後の回復のプロセスでは、「男」に関するさまざまな規範やイメージを、一次的性的不快体験と関連させて考えていくため、男性カテゴリーと個人的な侵害体験との間に齟《そ》齬《ご》が生まれてくることがあります。規範的男らしさとは、主体性と能動性によって作られているため、そのような規範的な男性イメージと被害経験は矛盾し、男性規範に沿うような生き方を性暴力被害者として認識しながら進むことは難しくなります。そのため、性暴力被害と男性ジェンダーとの関係の葛藤をなくすために、「二次的な性暴力被害体験の認識」に至るプロセスを考えておく必要があります。

男性被害を不可視化させ沈黙させるジェンダー化された社会構造では、このプロセスにおいて、極端な一つの可能性を挙げることができます。それは、被害当事者が規範的男らしさを再び手にして、被害体験を否定したり、小さく見積もったりすることです。規範的なジェンダーとセクシュアリティが広く受け入れられてしまっている現代の日本社会では、そうなるように仕向けられているのではないでしょうか。そのような状況では、自分自身の弱さや揺らぎ、また感情を排除し、ジェンダー規範に沿うような過剰な男らしさで覆い隠して、被害体験を自傷的にポルノ化することもあり得ます。「本当は自分が望んでいたんだ、楽しんでいたんだ」というように、男らしくあろうとすることもあります。

そこで当事者が自身の被害体験を否定しない方法は、男性として生きる上での規範を相対化し、当事者が被害体験と男性ジェンダーの両方がある自分を受け入れていくことです。

被害体験と、男性規範の影響を相対化し、どちらも否定しないことは非常に困難な方法かもしれませんが、男性優位な社会ではそのような条件から解放されることは難しいと理解することで、かえって葛藤を解消するきっかけとなるかもしれません。つまり、個別的な性暴力被害にジェンダーやセクシュアリティの規範によっても意味が加わっていると知ることで、自分自身に起きた出来事を整理することにつながるのです。

このプロセスにおいて、他の人にその被害体験や葛藤を話すことは重要なことだと思います。ですが、支援者が男性から性暴力被害を聞くことにも難しさがあるかもしれません。なぜなら、支援者もまたこの同じ社会に生きているために、支援者自身のジェンダー観、セクシュアリティ観が男性の言葉を聞くときに影響を与えているからです。

性暴力被害は、個人の性的な境界線に無断で侵入される行為で、性別に関係なくコントロールを奪われる体験であると言えます。ただ、この「コントロールを奪われる」という体験は、女性と男性とでは異なるかたちになるのではないかと思います。受動的であることや従順であることをよしとされてきた女性にとっては、日常の抑圧の上に、さらにコントロールを暴力的に奪われる体験となり、恐怖や嫌悪感と共に、やるせなさや女性であることの恨めしささえ感じる出来事となるかもしれません。そのような女性被害者の支援においては、丁寧に耳を傾けると共に、小さなことからでも自分で「選ぶ」という体験や、内なる力に気づいていく過程を共にし、性差別のある社会において自分が自分を責めるように「思わされている」からくりを共に見つめて、そのような自責感を払拭することが重要であると考えます。

一方、男性被害者に接する場合は、まずは支援者の側に「男らしさ」や男性像について思い込みがないか自身で確認する必要があるでしょう。「男性は強くあらねばならない／強い」「男性は、問題が生じたときに人に頼ってはいけない／頼らない」「男性は、怒り以外の感情を露《あらわ》にしてはいけない／露にしない」など、男性被害者に関わる際には、そのような思い込みを持っていないか自分で点検し、思い込みのために被害者の実際の体験や思いを聞こうとしなかったり、歪めて聞いてしまったりすることのないように気をつけたいものです。

そして、これまで書いたように、例えば性的に身体が反応したことについて自分を情けなく思う必要は全くないことを伝えたり、危機的状況にあっては性別に関係なく身体が固まったり声が出なくなったりするので、それを〝みじめ〟だとか〝情けない〟などと感じる必要はないことを伝えます。

男性が、暴力的な侵襲によって自己のコントロールが奪われることは、女性以上に屈辱的でみじめなことだと感じる可能性があります。男性被害者を支援する際には、このようなことも念頭に置いて、支援できるとよいかもしれません。

先ほども書いたように、男性に優位性がある社会で男性として生きざるを得ないことは、男性被害者に、たとえ被害を受けた側だとしても、どこか「加害者性を持つ存在としての自分」を感じさせることもあるかと思います。話を聞く中で、その葛藤についても丁寧に話を聞き、そのような社会で自分が苦しんでいるのはどういうことなのか、なぜそのような葛藤を感じてしまうのか、共に考えていけるとよいかもしれません。

性暴力は、小・中・高校や大学、職場、家庭、ＳＮＳ上やバーのようなお店など、あらゆるところで起こり得るもので、誰もが被害者から被害のことを打ち明けられる可能性があると思います。打ち明けられたときには、打ち明けた人が何にどう戸惑っているのか、苦しいと思っているのか、真摯に耳を傾けてほしいと思います。

人は生物である以上、他者から攻撃を受けると心身にダメージを受けます。人は身体性を切り離して生きていくことのできない存在であるからこそ、「強さ」にこだわり「弱さ」を忌避しようとするのかもしれません。現在のジェンダー規範を考えると、男性にその傾向がより強いと思われます。そして社会全体にそのような価値観が共有されているとしたら、一人でそのような価値観から抜け出すことは、攻撃される不安も引き起こし、難しいかもしれません。だからこそ、「強さ」よりも「しなやかさ」が重視され、苦しいときは苦しいと言うことができ、そこから再び自分の人生を紡いでいけるような社会であればよいなと願っています。

おわりに

「男性の」性暴力被害を考えることで、男女二元論の中で作られる被害と加害の意味づけがあり、また、社会的には特権性や加害性とも結びつく男性カテゴリーとの間に被害者もまた葛藤を抱える可能性が浮かび上がってきました。これらはあえて「男性の」とつけたことによって見えてきた事柄です。

日本でも男性や男児の性暴力被害に関する報道がなされることが増えてきました。芸能界や演劇界、映画業界で起きる事件は注目を集め、よりセンセーショナルに書き立てられていることもあります。私たちは、特殊な環境だから被害者がいるというよりも、特定の業界に精通しているためにそれを利用している加害者がいると考えたほうがよいと理解しています。そういった加害者はターゲットに接近できるだけの健康な身体や、資金などの個人が持つ力に加え、組織やポジションといった社会的な力も利用します。そしてそのような加害ができる状況が成立してしまっていたのが、これまで見てきた日本社会の構造なのです。

「人は誰でも性暴力被害に遭う可能性がある」という言葉で、網羅的にジェンダー中立的に表そうとしても見えてこないところに、ジェンダーやセクシュアリティの規範の強力さがあると思います。

「はじめに」でも書きましたが、本来は、被害自体や被害後の体験も、「回復」の過程も個別性の高いものです。また、当然ながら「男性」「女性」「性的マイノリティ」といっても、それぞれの属性の中で多様性があり、到底一括りにできるものではないとも考えています。それでも、社会に存在するジェンダーについての暗黙の了解により、被害者の方々が苦しまなければならないことがあまりにも多いと感じ、現代の日本を中心としたジェンダー観やジェンダーにまつわる現状と照らし合わせながら男性の性暴力被害について考察してみました。

ここに書いたものが、男性の性暴力被害についてのすべてを網羅しているとは全く考えておりません。実際には、社会的に立場の弱い身体障害・精神障害・知的障害を持った男性、外国人男性、収監されている男性などは、表には出ない形で性暴力被害を受けている可能性も多くあると考えています。さまざまな実態調査もまだまだ数が少なく、明らかになっていることはわずかです。男性の性暴力被害への注視がまだ少ないことで苦しんでいる被害者の方は多いと思われますし、（二次的なことですが）社会的な損失も大きいと思います。これから男性の性暴力被害について、皆がもっと関心を持ち、調査や支援体制が強化されたり性教育がなされたりして、まずは性暴力被害そのものが減ること、そして被害に遭ってしまったとしても適切な支援を受けて長引かずに回復できる社会になっていくことを祈ってやみません。本書が、そのような動きを促進する一助となれば幸いです。

最後に、お忙しい中、男性被害者への対応についての問い合わせに応じてくださった、全国のワンストップ支援センターや相談窓口の皆様に、心より感謝申し上げます。また、本書の執筆についてお声掛け下さり、最後まで辛抱強く伴走してくださった藁谷浩一さんはじめ編集部の皆様、校閲を担当して下さった方々、本当にありがとうございました。

２０２３年９月

宮﨑浩一

西岡真由美

註

【はじめに】

＊1　内閣府・男女共同参画局「令和2年　男女間における暴力に関する調査」において、「無理やりに性交等をされた被害経験」について、「あった」と答えた女性は6・9％、同様に答えた男性は1・0％でした。

【第1章】

＊1　1953年6月24日最高裁判所大法廷　https://www.courts.go.jp/app/files/hanrei_jp/422/054422_hanrei.pdf

＊2　Stanko, E. (1990). *Everyday violence: how women and men experience sexual and physical danger.* Pandora.

＊3　森山至貴『LGBTを読みとく―クィア・スタディーズ入門』ちくま新書、2017年。

＊4　Groth, A. N. with Birnbaum, H. J. (1979). *MEN WHO RAPE: The Psychology of the Offender.* New York; Basic Books.

＊5　Davis, A. (1968). Sexual Assaults in the Philadelphia Prison System and Sheriff's Vans. *Society*, 6 (2), pp. 8-17.

＊6　Johnson, K., Asher, J., Rosborough, S., Raja, A., Panjabi, R., Beadling, C., & Lawry, L. (2008).

Association of combatant status and sexual violence with health and mental health outcomes in postconflict Liberia. *Jama*, 300(6), pp. 676-690.

＊7　Sivakumaran, S. (2007). Sexual violence against men in armed conflict. *European journal of international law*, 18(2), pp. 253-276.

＊8　諸外国の性犯罪規定については、樋口亮介、深町晋也（編著）『性犯罪規定の比較法研究』（成文堂、２０２０年）と、法務省「性犯罪に関する刑事法検討会」配布資料「諸外国の性犯罪関連規定（仮訳）」（https://www.moj.go.jp/keiji1/keiji12_00026.html）を参考にした。

＊9　Smith, S. G., Zhang, X., Basile, K. C., Merrick, M. T., Wang, J., Kresnow, M. J., & Chen, J. (2018). The national intimate partner and sexual violence survey: 2015 data brief-updated release.

＊10　２００７年に設立された、1in6という団体に詳しい（https://1in6.org）。

＊11　はじめに註１参照。

＊12　警察庁「犯罪統計資料（令和4年1月～12月分）」

＊13　宮﨑浩一「男性の性被害とはどのように生きられるのか――一人称の現象学的記述の試み」「ジェンダー&セクシュアリティ」16号、２０２１年、31～55頁。

＊14　メリレーヌ・クロアトル、リサ・R・コーエン、カレスタン・C・ケーネン（著）、金吉晴（監訳）、河瀬さやか、丹羽まどか、中山未知、田中宏美（訳）『児童期虐待を生き延びた人々の治療――中断された人生のための精神療法』星和書店、２０２０年。

＊15　警察庁生活安全局少年課「令和2年における少年非行、児童虐待及び子供の性被害の状況」

＊16　はじめに註1参照。
＊17　厚生労働省「令和2年度　子ども・子育て支援推進調査研究事業　課題番号17（一次公募）―潜在化していた性的虐待の把握および実態に関する調査　調査研究報告書」
＊18　McLeod, D. A. (2015). Female offenders in child sexual abuse cases: A national picture. *Journal of Child Sexual Abuse*, 24(1), pp. 97-114. Burgess-proctor, A., Comartin, E. B., & Kubiak, S. P. (2017). Comparing Female-and Male-Perpetrated Child Sexual Abuse: A Mixed-Methods Analysis. *Journal of Child Sexual Abuse*, 26(6), pp. 657-676.
＊19　ＮＨＫみんなでプラス「性暴力を考える」vol.131「男性の性被害　２９２人実態調査アンケート結果」https://www.nhk.or.jp/minplus/0026/topic013.html
＊20　第1章註17参照。

【第2章】
＊1　宮地尚子『トラウマ』岩波新書、２０１３年。
＊2　Substance Abuse and Mental Health Services Administration：SAMHSA.
＊3　Kessler, R. C., Sonnega, A., Bromet, E., Hughes, M., & Nelson, C. B. (1995). Posttraumatic stress disorder in the National Comorbidity Survey. *Archives of General Psychiatry*, 52(12), pp. 1048-1060.
＊4　一般社団法人日本トラウマティック・ストレス学会のウェブサイトからの引用も含む。https://www.jstss.org/ptsd/

＊5、6　Tewksbury, R. (2007). Effects of Sexual Assault on Men: Physical, Mental and Sexual Consequences. *International Journal of Men's Health*, 6(1), pp. 22-35.

＊7　Sexual Assault of Men and Boys アメリカ国内最大級の反性暴力組織ＲＡＩＮＮ（Rape, Abuse & Incest National Network）のウェブサイトより https://www.rainn.org/articles/sexual-assault-men-and-boys

＊8　書名は、今井伸『射精道』光文社新書、２０２２年。なお、ファロスとは勃起した陰茎を意味する言葉だが、その生物的機能以外の意味を持ちシンボルとなる。ファロスの意味については、トーキル・ヴァンゴーア（著）、石渡利康（訳）『ファロス―シンボルの世界史』（講談社、１９７４年）を参照。

＊9　第1章註13参照。

＊10　第1章註4参照。

＊11　Walker, J., Archer, J., & Davies, M. (2005). Effects of Rape on Men: A Descriptive Analysis. *Archives of Sexual Behavior*, 34(1), pp. 69-80.

＊12　Khan, N. (2008). *Male rape: the emergence of a social and legal issue*. New York; Palgrave Macmillan.

＊13　中嶋一成、宮城由江『心への侵入―性的虐待と性暴力の告発から』本の時遊社、１９９９年。

＊14　第2章註5参照。

＊15　日本初のセクハラ裁判は、１９８９年に起こされた「福岡Ｑ企画出版社事件」。本文第3章性暴力と「男性被害」も参照のこと。

＊16　齋藤梓、大竹裕子（編著）『性暴力被害の実際―被害はどのように起き、どう回復するのか』金剛出版、２０２０年。
＊17　岩崎直子「男児／男性の受ける性的行為に関する意識調査」「小児の精神と神経」49巻4号、２００９年、３４７〜３５４頁。
＊18　本書では、性的な侵害は暴力であるという認識に立ち、「性暴力被害」という表現を使用していますが、ここでは引用元の文献で「性被害」と表現されていたため、「性被害」と表記しています（以下、この表現が出てくるところも同様です）。
＊19　森田ゆり『子どもへの性的虐待』岩波新書、２００８年。
＊20　Light, D., Monk-Turner, E. (2009). Circumstances Surrounding Male Sexual Assault and Rape: Findings from the National Violence Against Women Survey. *Journal of Interpersonal Violence*, 24 (11), pp. 1849-1858.
＊21　Smith, L. H., Ford, J. (2010). History of forced sex and recent sexual risk indicators among young adult males. *Perspectives on Sexual and Reproductive Health*, 42(2), pp. 87-92.
＊22　アンデシュ・ニューマン、ベリエ・スヴェンソン（著）、太田美幸（訳）『性的虐待を受けた少年たち―ボーイズ・クリニックの治療記録』新評論、２００８年。
＊23　Mezey, G. C., & King, M. B. (2000). Treatment of male victims of sexual assault. In Mezey, G. C., & King, M. B.(Eds) *Male Victims of Sexual Assault* (2nd ed). Oxford; Oxford University press, pp. 141-156.

＊24　初期の文献として、第2章註11の掲載論文や Mezey, G. C., & King, M. B. (1989). The effects of sexual assault on men: a survey of 22 victims. *Psychological Medicine*, 19(1), pp. 205-209. がある。

＊25　第2章註5参照。

＊26　Donne, M., DeLuca, J., Pleskach, P., Bromson, C., Mosley, M. P., Perez, E. T., Mathews, S. G., Stephenson, R., & Frye, V. (2018). Barriers to and Facilitators of Help-Seeking Behavior Among Men Who Experience Sexual Violence. *American Journal of Men's Health*, 12(2), pp. 189-201.

＊27　Young, S., Pruett, J. A., & Colvin, M. L. (2016). Comparing Help-Seeking Behavior of Male and Female Survivors of Sexual Assault: A Content Analysis of a Hotline. *A Journal of Research and Treatment*, 30(4), pp. 454-474.

＊28　第2章註23参照。

【第3章】

＊1　Cohen, C. (2014). *Male Rape is a Feminist Issue: Feminism, Governmentality and Male Rape*. Basingstoke: Palgrave Macmillan.

＊2　岩井宜子「性犯罪法の保護するもの」「犯罪社会学研究」20号、1995年、115～132頁。齋藤豊治「アメリカにおける性刑法の改革」「大阪商業大学論集」5巻1号、2009年、189～204頁。

＊3　Tjaden, P. (2005). *Defining and measuring violence against women: Background, issues, and*

recommendations. Tjaden Research Corporation.
＊4　Bourke, J. (2007). *Rape: A History From 1860 To The Present.* London; Virago.
＊5　上村貞美「人権としての性的自由と強姦罪―欧米における強姦罪の改正をめぐって」「香川法学」7巻3・4号、1988年、139〜196頁。
＊6　丹野顯『江戸の色ごと仕置帳』集英社新書、2003年。
＊7　北原みのり（編）『日本のフェミニズム―since 1886 性の戦い編』河出書房新社、2017年。
＊8　小野沢あかね「廃娼運動―はじめての『性の戦い』」（前掲『日本のフェミニズム』）。
＊9　手嶋昭子『親密圏における暴力―被害者支援と法』信山社、2016年。
＊10　中島聡美「性暴力被害者のメンタルヘルスと心理的支援」（小西聖子、上田鼓（編著）『性暴力被害者への支援―臨床実践の現場から』誠信書房、2016年）1〜24頁。
＊11　諸澤英道『被害者学』成文堂、2016年。
＊12　君塚正臣『性差別司法審査基準論』信山社出版、1996年。金城清子『法女性学のすすめ［第4版］』有斐閣選書、1997年。角田由紀子『性と法律―変わったこと、変えたいこと』岩波新書、2013年。
＊13　Bohner, G., Eyssel, F., Pina, A., Siebler, F., & Viki, G. T. (2009). Rape myth acceptance: cognitive, affective and behavioural effects of beliefs that blame the victim and exonerate the perpetrator. In Horvath, M. A. H., Brown, J. M. (Eds) *Rape: Challenging Contemporary Thinking.* pp. 17-45. Smith, O., Skinner, T. (2017). How rape myths are used and challenged in rape and sexual assault trials.

Social & Legal Studies, 26(4), pp. 441-466.

*14 Turchik, J. A., & Edwards, K. M. (2012). Myths About Male Rape: A Literature Review. *Psychology of Men & Masculinity*, 13(2), pp. 211-226.

*15 Widanaralalage, B. K., Hine, B. A., Murphy, A. D., & Murji, K. (2022). "I Didn't Feel I Was A Victim": A Phenomenological Analysis of the Experiences of Male-on-male Survivors of Rape and Sexual Abuse. *Victims & Offenders*, 17(8), pp. 1147-1172.

*16 Michele, L. (2012). The Promise and Peril of Primary Documents: Documenting Wartime Sexual Violence in El Salvador and Peru. In Bergsmo, M., Skre, A. B., & Wood, E. J. (Eds) *Understanding and Proving International Sex Crimes*. Beijing; Torkel Opsahl Academic EPublisher. pp. 315-366

*17 Pandea, A., Grzemny, D., & Keen, E. (2019). *Gender Matters: A manual on addressing gender-based violence affecting young people* (2nd ed). Council of Europe.

*18 尾﨑俊也「男性性実践としての男性の暴力行為―メッサーシュミットの構造化された行為理論によって何が明らかにされ得るか」「フォーラム現代社会学」16巻、２０１７年、85〜97頁。

*19 第1章註19参照。

*20 一般社団法人Spring「性被害の実態調査アンケート 結果報告書①〜量的分析結果〜」http://spring-voice.org/wp-content/uploads/2020/12/アンケート分析報告書1.pdf

*21 第2章註21参照。

*22 リチャード・B・ガートナー（著）、宮地尚子他（訳）『少年への性的虐待―男性被害者の心的外傷

と精神分析治療』作品社、２００５年。
＊23　横山ノック『知事の履歴書―横山ノック一代記』太田出版、１９９５年。
＊24　Denov, M. S. (2004). The Long-term Effects of Child Sexual Abuse by Female Perpetrators: A Qualitative Study of Male and Female Victims. *Journal of Interpersonal Violence*, 19(10), pp. 1137-1156.
＊25　Smith, S. G., Chen, J., Lowe, A. N., & Basile, K. C. (2021). Sexual Violence Victimization of U.S. Males: Negative Health Conditions Associated with Rape and Being Made to Penetrate. *Journal of Interpersonal Violence*, 37(21-22), pp. 1-19.

【第４章】

＊1　Mike, L. (2004). *Victims No Longer* (2nd ed): *The Classic Guide for Men Recovering from Sexual Child Abuse*. New York: Harper Perennial.
＊2　山本潤『13歳、「私」をなくした私―性暴力と生きることのリアル』朝日新聞出版、２０１７年、のち文庫化。
＊3　伊藤詩織『Black Box』文藝春秋、２０１７年、のち文庫化。
＊4　グループ・ウィズネス（編）『性暴力を生き抜いた少年と男性の癒しのガイド―性虐待を生きる力に変えて６』明石書店、２００５年。
＊5　ジュディス・L・ハーマン（著）、中井久夫（訳）『心的外傷と回復』みすず書房、１９９６年。

＊6　著作の中で、「被害を生き延びた人」という意味で、敬意を込めて被害者のことをこのように表現されていたため、本書内でもそのままの言葉で表現しています。ただ、本書全体においては、被害当事者の方が自分のことをどう表現するかについては自分で選びたい、という思いを持たれている場合もあることを考え、「サバイバー」ではなく「被害者」や「被害当事者」という表現を用いています。これ以降に出てくる「サバイバー」という表現についても同様の理由でそう表現しています。

＊7　Kia-Keating, M., Sorsoli, L., & Grossman, F. K. (2010). Relational Challenges and Recovery Processes in Male Survivors of Childhood Sexual Abuse. *Journal of Interpersonal Violence*, 25(4), pp. 666-683.

＊8　このような自己表現やコミュニケーションは「アサーション」や「アサーティブ・コミュニケーション」と呼ばれています。例えば平木典子『図解　自分の気持ちをきちんと〈伝える〉技術―人間関係がラクになる自己カウンセリングのすすめ』（ＰＨＰ研究所、２００７年）などに詳しく書かれています。

＊9　藤森和美・野坂祐子（編）『子どもへの性暴力―その理解と支援』誠信書房、２０１３年。

＊10　警察庁「平成29年度　犯罪被害類型別調査　調査結果報告書」

＊11　岩崎直子「男性が受ける性的被害をめぐる諸問題」「こころの健康」16巻2号、２００１年、67～75頁。

＊12　内閣府・男女共同参画局　令和3年度内閣府委託事業　性犯罪被害者等支援体制整備促進事業「性犯罪・性暴力被害者のためのワンストップ支援センターにおける障害者、男性等に対する支援事例集」

（概要）　https://www.gender.go.jp/policy/no_violence/e-vaw/chousa/pdf/shien_jirei.pdf

＊13　令和元年度内閣府「性犯罪・性暴力被害者のためのワンストップ支援センターの相談体制強化に向けた調査」委託事業「性犯罪・性暴力被害者のためのワンストップ支援センターを対象とした支援状況等調査　報告書」　https://www.gender.go.jp/policy/no_violence/e-vaw/chousa/pdf/r02_houkoku.pdf

＊14　長谷川浩一「電話相談のなすべきこと、できること―電話相談心理学の提言―」「電話相談学研究」第４巻、１９９２年、１～10頁。

＊15　第４章註９参照。

【第５章】

＊１　ジャルナ・ハマー、メアリー・メイナード（編）、堤かなめ（監訳）『ジェンダーと暴力―イギリスにおける社会学的研究』明石書店、２００１年。

＊２　第２章註16参照。

（ＵＲＬの最終閲覧日：２０２３年９月３日）

全国のワンストップ支援センター

以下のウェブサイトで、全国の性暴力被害者ワンストップ支援センターの一覧がご覧いただけます。
○性犯罪・性暴力被害者のためのワンストップ支援センター一覧（内閣府・男女共同参画局ウェブサイト
https://www.gender.go.jp/policy/no_violence/seibouryoku/consult.html）
○男性の性被害　全国の相談窓口　２０２３年４月版（ＮＨＫみんなでプラス「性暴力を考える」男性の性被害　https://www.nhk.or.jp/minplus/0011/topic036.html）

次ページからの表は、内閣府・男女共同参画局のウェブサイトに掲載された各ワンストップ支援センターに、２０２２年11月から12月にかけて筆者たちが男性被害者への対応など支援内容について問い合わせを行い、回答を得て、許可をいただいたセンターのみ掲載しているものです（基本的に、回答を得た文面の形で掲載しています）。ここに掲載されていないからといって、男性被害者への対応がなされていないということではありません。また、「年齢制限」の項目がないセンターでは、相談者の年齢制限はありません。

なお、＃８８９１（「はやくワンストップ」、全国共通）にダイヤルすると、発信地の都道府県のワンストップ支援センターに無料でつながります（ただし、ＮＴＴひかり電話からは、０１２０－８８９１－７７にダイヤルしてください。宮城県、埼玉県、高知県内のＮＴＴひかり電話からかける場合は、番号が異なります。詳しくは、以下の紹介や上記の内閣府のホームページでご確認ください）。

ワンストップ支援センター　一覧表

北海道

性暴力被害者支援センター北海道「SACRACH さくらこ」

電話番号	050-3786-0799
相談メールアドレス	sacrach20191101@leaf.ocn.ne.jp
受付時間	月～金　10:00 ～20:00
受付時間外	コールセンターにつながり、 必要な時は自センターのオンコール体制で対応する
男性被害者対応	可能
過去(1ヶ月以上前)の被害相談	対応可能
備考	男性被害者についての研修を行っている。肛門科と連携している

北海道・函館

函館・道南SART(サート)

電話番号	0138-85-8825
相談メールアドレス	dvhelpe@msc.ncv.ne.jp
受付時間	月～金　10:00 ～17:00
男性被害者対応	可能
過去(1ヶ月以上前)の被害相談	対応可能

青森県

あおもり性暴力被害者支援センター

電話番号	017-777-8349
受付時間	平日　9:00 ～17:00
受付時間外	コールセンターにつながります。

岩手県

はまなすサポート(岩手県性犯罪・性暴力被害者支援)

電話番号	019-601-3026
受付時間	月～金　9:00 ～17:00 時間外は国のコールセンターに接続。緊急時は自センターの夜間担当者につながり対応。緊急を要さないものについては開室時間内に自センターで対応する
男性被害者対応	可能
過去(1ヶ月以上前)の被害相談	対応可能
備考	男性の相談員による対応も可能

宮城県

性暴力被害相談支援センター宮城「けやきホットライン」

電話番号	0120-556-460
相談メールアドレス	https://miyagivsc.jp内相談フォームから送信
受付時間	月～金　10:00～20:00 土　10:00～16:00（祝日、年末年始を除く） ※この時間以外は、国の夜間休日コールセンターにつながり、 24時間365日相談を受け付けます。
受付時間外	コールセンターにつながり、 必要な時は自センターのオンコール体制で対応する
男性被害者対応	可能
過去（1ヶ月以上前）の被害相談	対応可能
男性専用窓口	土　10:00～16:00（祝日、年末年始を除く）
備考	男性被害者についての研修を行っている 男性の相談員による対応も可能である

秋田県

あきた性暴力被害者サポートセンター「ほっとハートあきた」

電話番号	0800-8006-410
相談メールアドレス	hotheart-akita@vega.ocn.ne.jp
受付時間	平日　10:00～19:00
受付時間外	コールセンターにつながり、 必要な対応は自センターの開室時間内に行う
男性被害者対応	可能
過去（1ヶ月以上前）の被害相談	対応可能

茨城県

性暴力被害者サポートネットワーク茨城

電話番号	#8891または029-350-2001
相談メールアドレス	メール相談専用フォーム：https://www.ivac.or.jp/form/index.html
受付時間	平日　9:00～17:00
受付時間外	コールセンターにつながり、 必要な時は自センターのオンコール体制で対応する ※県内からであれば、#8891にダイヤルすると当センターにつながります。
男性被害者対応	可能
過去（1ヶ月以上前）の被害相談	対応可能
備考	男性被害者についての研修実績あり。 男性被害者の受診について協力病院との連携を進めている

栃木県

とちぎ性暴力被害者サポートセンター「とちエール」

電話番号	028-678-8200(相談専用ダイヤル)
受付時間	月～金　9:00 ～17:30 土　　9:00 ～12:30 ※第2土曜日、祝日、年末年始(12/29 ～1/3)を除く。 時間外・休日は、コールセンターにつながり相談受付。
男性被害者対応	可能
過去(1ヶ月以上前)の被害相談	対応可能
備考	必要時、男性スタッフが対応できる体制をとっている

千葉県

公益社団法人千葉犯罪被害者支援センター

電話番号	043-225-5450 043-222-9977(性犯罪·性暴力被害者のための相談電話)
受付時間	平日　10:00 ～16:00
男性被害者対応	可能
過去(1ヶ月以上前)の被害相談	対応可能

東京都

性暴力救援センター・SARC東京

電話番号	03-5577-3899
受付時間	24時間365日
男性被害者対応	可能
過去(1ヶ月以上前)の被害相談	基本は急性期だが、過去の性被害が 最近になって想起されて 急性期症状を呈している場合は受け付ける。
備考	男性被害者についての研修を行っている

神奈川県

かながわ性犯罪・性暴力被害者ワンストップ支援センター「かならいん」

電話番号	「かならいん」:#8891 または045-322-7379 男性及びLGBTs被害者のための 専門相談ダイヤル:045-548-5666
受付時間	「かならいん」は24時間365日電話対応。 男性及びLGBTs被害者のための専門相談ダイヤルは、 毎週火曜　16:00 ～20:00(祝休日、年末年始は除く)

男性被害者対応	男性及びLGBTs被害者のための専門相談ダイヤルで男性の対応が可能です。「かならいん」は性別等は問いませんので、男性の対応も可能です。「かならいん」にご相談された場合でも、男性及びLGBTs被害者のための専門相談ダイヤルをご案内することもあります。
過去(1ヶ月以上前)の被害相談	電話相談は対応可能
備考	男性被害者についての研修も実施しています。医療が必要な場合、相談できる泌尿器科医師がいます。男性及びLGBTs被害者のための専門相談ダイヤルは、「かならいん」とは別の回線で、専門相談員を配置し、対応可能です。

富山県

性暴力被害ワンストップ支援センターとやま

電話番号	076-471-7879
受付時間	電話相談：24時間365日対応 SNS相談：火〜土　10:00 〜16:00(祝日、年末年始除く)
受付時間外	コールセンターにつながり、必要な時は自センターのオンコール体制で対応します。
男性被害者対応	可能
過去(1ヶ月以上前)の被害相談	対応可能
備考	相談者が男性の支援員を希望する場合、男性支援員の対応が可能なセンターにお繋ぎします。

石川県

いしかわ性暴力被害者支援センター「パープルサポートいしかわ」

電話番号	076-223-8955
相談メールアドレス	purplesupport.8955@pref.ishikawa.lg.jp
受付時間	月〜金　8:30 〜17:15(祝日、年末年始を除く。) ※緊急医療などの緊急を要する相談は、24時間365日対応
男性被害者対応	可能
過去(1ヶ月以上前)の被害相談	対応可能

福井県

性暴力救済センター・ふくい　ひなぎく

電話番号	0120-8891-77・#8891(県内のみ)
受付時間	電話受付は24時間対応（夜間休日はコールセンターにつながり、必要な対応は自センターの開室時間内に行う)
男性被害者対応	可能
過去(1ヶ月以上前)の被害相談	対応可能
備考	泌尿器科と連携している

山梨県

やまなし性暴力被害者サポートセンター（愛称かいさぽ ももこ）

電話番号	055-222-5562
相談メールアドレス	https://www.sien-yamanashi.com/kaisapo-momoko/ （HP内メールフォーム）
受付時間	平日　9:00 ～17:00 （コールセンターも12/29 ～1/4は休業）
受付時間外	コールセンターにつながり、 必要な時は自センターのオンコール体制で対応する。
男性被害者対応	可能
過去（1ヶ月以上前）の被害相談	ご要望に応じて対応させて頂きます。
備考	男性被害者についての研修を行っている。 本センター独自ではないが、 県警捜査1課と連携し泌尿器科に繋げることが可能となっている。

長野県

長野県性暴力被害者支援センター「りんどうハートながの」

電話番号	026-235-7123
相談メールアドレス	rindou-heart@pref.nagano.lg.jp
受付時間	24時間（電話・電子メール）
男性被害者対応	可能
過去（1ヶ月以上前）の被害相談	対応可能
備考	泌尿器科と連携している

岐阜県

ぎふ性暴力被害者支援センター

電話番号	058-215-8349
相談メールアドレス	HPに専用フォームがあります
受付時間	24時間365日
男性被害者対応	可能
過去（1ヶ月以上前）の被害相談	対応可能
男性相談員の配置	第2第4火曜　16:00 ～20:00
備考	男性被害者についての研修を行っている。 泌尿器科と連携している。 男性の相談員による対応も可能である。

静岡県

静岡県性暴力被害者支援センターSORA

電話番号	054-255-8710
相談時間	24時間（夜間20:00～翌9:00、 土日祝日、お盆、年末年始は外部コールセンターへ接続）
男性被害者対応	可能
過去（1ヶ月以上前）の被害相談	対応可能
備考	県男女共同参画センターで実施している男性相談との連携がある

愛知県

ハートフルステーション・あいち

電話番号	0570-064-810（愛知県内からのみ通話可能）
相談時間	月～土（祝日、年末年始を除く）　午前9:00～午後8:00
受付時間外	閉所時間帯は、緊急時は110番通報、 それ以外は開所時間内の相談を案内する内容のメッセージが流れる
男性被害者対応	可能
過去（1ヶ月以上前）の被害相談	対応可能
備考	男性の相談員による対応も可能である

性暴力救援センター 日赤なごや　なごみ

電話番号	052-835-0753（FAX番号も同じ）
相談時間	24時間365日
男性被害者対応	可能
過去（1ヶ月以上前）の被害相談	対応可能
備考	泌尿器科・小児科・救急科等と連携している

三重県

みえ性暴力被害者支援センター　よりこ

電話番号	059-253-4115
相談メールアドレス	メール相談はHPのフォームから入力する
受付時間	9:00～17:00（土日祝日、年末年始除く）
受付時間外	コールセンターにつながり、必要な時は自センターのオンコール体制で対応する
男性被害者対応	可能
過去（1ヶ月以上前）の被害相談	対応可能
備考	泌尿器科と連携している

京都府

京都性暴力被害者ワンストップ相談支援センター　京都SARA

電話番号	075-222-7711
受付時間	10:00 ～22:00（365日）
受付時間外	コールセンターにつながり、 必要な時は自センターのオンコール体制で対応する
男性被害者対応	可能
過去（1ヶ月以上前）の被害相談	対応可能
備考	男性被害者についての研修を行っている

大阪府

性暴力救援センター・大阪SACHICO

電話番号	072-330-0799
受付時間	24時間365日対応
男性被害者対応	可能（基本未成年、児童相談所からの依頼が中心）

兵庫県

ひょうご性被害ケアセンターよりそい

電話番号	078-367-7874
受付時間	月～金　9:00 ～17:00　土日祝日、12/29 ～1/3除く
受付時間外	コールセンターにつながり、 必要な対応は自センターの開室時間内に行う
男性被害者対応	可能
過去（1ヶ月以上前）の被害相談	対応可能

特定非営利活動法人性暴力被害者支援センター・ひょうご

電話番号	06-6480-1155
相談メールアドレス	hyo-5@1-kobe.com
受付時間	月～金　9:30 ～16:30（祝日、年末年始を除く）
男性被害者対応	可能
過去（1ヶ月以上前）の被害相談	対応可能
備考	男性被害者についての研修を行っている。 泌尿器科と連携している。 小児科、小児外科、外科とも連絡している。 センターのホームページ https://1kobe.jimdofree.com/

奈良県

奈良県性暴力被害者サポートセンター　NARAハート

電話番号	0742-81-3118
相談メールアドレス	相談フォーム(https://www.secure.pref.nara.jp/3018.html)から送信
受付時間	火〜土　9:00 〜17:00（祝日、年末年始を除く。月曜日が祝日と重なる場合はその直後の平日も除く)
受付時間外	コールセンターにつながり、必要な対応は自センターの開室時間内に行う
男性被害者対応	可能
過去(1ヶ月以上前)の被害相談	対応可能

鳥取県

性暴力被害者支援センターとっとり(クローバーとっとり)

電話番号	0120-946-328
受付時間	10:00 〜20:00(月・水・金)、10:00 〜18:00(火・木) ※年末年始は除く
受付時間外	コールセンターにつながり、必要な時は自センターのオンコール体制で対応する
男性被害者対応	可能
過去(1ヶ月以上前)の被害相談	対応可能
備考	泌尿器科等と連携している。男性の相談員による対応も可能である

島根県

性暴力被害者支援センターたんぽぽ

電話番号	#8891または0120-8891-77
受付時間	平日8:30 〜17:15(土日祝日、年末年始を除く) ※上記以外はコールセンター対応
男性被害者対応	男性から相談があった場合は他の相談機関を案内

一般社団法人 しまね性暴力被害者支援センターさひめ

電話番号	0852-28-0889
相談メールアドレス	sahime@onnanokonotameno-er.com
受付時間	火、木、土　17:30 〜21:30、メールは24時間
受付時間外	必要な時は自センターのオンコール体制で対応する
男性被害者対応	可能
過去(1ヶ月以上前)の被害相談	対応可能
備考	泌尿器科と連携している

山口県

やまぐち性暴力被害者支援システムあさがお

電話番号	083-902-0889
受付時間	24時間365日 面接相談などは開庁時間（平日8:30～17:15）内となります
男性被害者対応	可能
過去（1ヶ月以上前）の被害相談	対応可能

徳島県

徳島県性暴力被害者支援センター　よりそいの樹　とくしま（中央・南部・西部）

電話番号	中央　088-623-5111 南部　0884-23-5111 西部　0883-52-5111
相談受付	24時間受付 夜間（17:00～翌朝9:00）・土日祝日、年末年始はコールセンターが対応。 緊急対応が必要な場合、コールセンターから職員の公用携帯電話へ転送
男性被害者対応	可能。電話で（公社）徳島被害者支援センター等関係機関を情報提供
過去（1ヶ月以上前）の被害相談	対応可能。 電話で（公社）徳島被害者支援センター等関係機関を情報提供

香川県

性暴力被害者支援センター「オリーブかがわ」

電話番号	087-802-5566
受付時間	月～金　9:00～20:00、土　9:00～16:00、祝日、年末年始を除く。 上記以外の時間については、国が設置するコールセンターにつながり、 必要時もしくは開設時間内に自センターで対応
男性被害者対応	可能
過去（1ヶ月以上前）の被害相談	対応可能
備考	男性相談員が対応も可能である

愛媛県

えひめ性暴力被害者支援センター「ひめここ」

電話番号	089-909-8851
相談時間	毎日24時間（夜間・休日は、コールセンターにつながり、 必要な時は自センターのオンコール体制で対応する）
男性被害者対応	可能
過去（1ヶ月以上前）の被害相談	対応可能

備考	男性被害者についての研修を行っている、男性の相談員による対応も可能である。男性相談員による対応は、第2・第4土曜日の午後1時〜午後4時まで(予約制)。予約専用ダイヤル：089-909-8852

高知県

性暴力被害者サポートセンターこうち

電話番号	080-9833-3500、0120-835-350
受付時間	月〜土　9:00 〜17:00(日祝日、年末年始を除く)
受付時間外	コールセンターにつながり、必要な対応は自センターの開室時間内に行う
男性被害者対応	可能
過去(1ヶ月以上前)の被害相談	対応可能
備考	男性の相談員による対応も可能である

福岡県

性暴力被害者支援センター・ふくおか

電話番号	092-409-8100
受付時間	24時間365日
男性被害者対応	可能
過去(1ヶ月以上前)の被害相談	対応可能
備考	ホームページに男性被害者向けのメッセージを掲載している

佐賀県

性暴力救援センター・さが(さがmirai)

電話番号	0952-26-1750
受付時間	内閣府が行う夜間・休日コールセンターを活用して24時間対応している。夜間休日はコールセンターにつながり、必要な時は自センターのオンコール体制で対応する
男性被害者対応	可能
過去(1ヶ月以上前)の被害相談	対応可能
年齢制限	医療支援については、15歳以下を対象としているが、相談の年齢制限はない
男性専用窓口	男性の性暴力被害者専用の相談ダイヤルはないが、男性の過去被害等の相談については、佐賀県DV総合対策センターで行っている男性総合相談（男性の臨床心理士及び公認心理師が対応)を案内している。電話相談日時：毎週水曜19:00 〜21:00、面談相談日時：毎月第4土曜14:00 〜16:00(要予約)
備考	医療支援については、15歳以下の男性が支援対象となってるため、小児科・小児外科と連携している

長崎県

性暴力被害者支援「サポートながさき」（公益社団法人長崎犯罪被害者支援センター）

電話番号	095-895-8856
相談メールアドレス	HP内の相談フォームから送信
受付時間	9:00 ～17:00（土日祝日、年末年始を除く）
受付時間外	コールセンターが対応 （緊急時は当センターでオンコール対応）
男性被害者対応	可能
過去（1ヶ月以上前）の被害相談	対応可能
備考	男性の相談員による対応も可能である

熊本県

性暴力被害者のためのサポートセンター　ゆあさいどくまもと

電話番号	096-386-5555
相談メールアドレス	support@yourside-kumamoto.jp
受付時間	24時間ホットライン （12/28午後10時～1/4午前10時の間はコールセンター対応）
男性被害者対応	可能
過去（1ヶ月以上前）の被害相談	対応可能
備考	男性被害者についての研修を行っている

宮崎県

性暴力被害者支援センター（さぽーとねっと宮崎）

電話番号	0985-38-8300
相談メールアドレス	ホームページ内の相談フォームから送信
受付時間	月～金　9:00 ～17:00 （土日祝日、年末年始を除く）
受付時間外	コールセンターにつながり、 必要な対応は自センターの開室時間内に行う
男性被害者対応	可能
過去（1ヶ月以上前）の被害相談	対応可能
備考	泌尿器科と連携している。男性の相談員による対応も可能である

鹿児島県

性暴力被害者サポートネットワークかごしま「FLOWER」

電話番号	099-239-8787(はなはな)
相談メールアドレス	HP相談フォームから送信
受付時間	24時間
受付時間外	夜間（17:00～翌09:00)、日祝日、年末年始は夜間休日コールセンターで対応。必要な時はセンターのオンコール体制で対応する
男性被害者対応	可能
過去(1ヶ月以上前)の被害相談	対応可能

沖縄県

沖縄県性暴力被害者ワンストップ支援センター(with you おきなわ)

電話番号	全国共通ダイヤル#8891 ※つながらない場合　098-975-0166(有料)
受付時間	24時間対応
男性被害者対応	可能
過去(1ヶ月以上前)の被害相談	対応可能

宮﨑浩一（みやざき　ひろかず）

一九八八年、鹿児島県生まれ。立命館大学大学院人間科学研究科博士課程後期課程。研究テーマは男性の性被害。臨床心理士、公認心理師。

西岡真由美（にしおか　まゆみ）

一九七六年、佐賀県生まれ。京都大学大学院教育学研究科博士後期課程研究指導認定退学。臨床心理士、公認心理師、看護師、保健師。

男《だん》性《せい》の性《せい》暴《ぼう》力《りょく》被《ひ》害《がい》

集英社新書一一八五B

二〇二三年一〇月二二日　第一刷発行

著者……宮﨑浩一《みやざきひろかず》／西岡真由美《にしおかまゆみ》

発行者……樋口尚也

発行所……株式会社集英社

東京都千代田区一ツ橋二-五-一〇　郵便番号一〇一-八〇五〇

電話　〇三-三二三〇-六三九一（編集部）
　　　〇三-三二三〇-六〇八〇（読者係）
　　　〇三-三二三〇-六三九三（販売部）書店専用

装幀……原　研哉

印刷所……TOPPAN株式会社

製本所……加藤製本株式会社

定価はカバーに表示してあります。

ISBN 978-4-08-721285-3 C0236

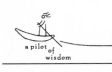